昌彼得
潘美月 著

圖書與資訊集成

中國目錄學

文史哲出版社印行

中國目錄學 / 昌彼得, 潘美月著. -- 初版 --
臺北市：文史哲, 民 80.10
頁; 公分. --（圖書與資訊集成;1）
ISBN 978-957-547-074-6（平裝）

1.目錄學－中國

010 80003628

圖書與資訊集成

中國目錄學

著　　者：昌　彼　得　·　潘　美　月
出 版 者：文　史　哲　出　版　社
http:// www.lapen.com.tw
e-mail：lapen@ms74.hinet.net
登記證字號：行政院新聞局版臺業字五三三七號
發 行 人：彭　　正　　雄
發 行 所：文　史　哲　出　版　社
印 刷 者：文　史　哲　出　版　社
臺北市羅斯福路一段七十二巷四號
郵政劃撥帳號：一六一八〇一七五
電話886-2-23511028 · 傳真886-2-23965656

實價新臺幣三〇〇元

一九八六年（民國78）九月初版
一九九一年（民國80）十月初版二刷

ISBN 978-957-547-074-6 02101

序

民國五十四年秋，余因中央圖書館善本書北運，舉家遷居臺北，始應臺大之聘，於圖書館學系講授版本學及中國目錄學。版本學係採屈翼鵬先生與余合著之「圖書版本學要略」爲教本，而目錄學則尚乏能通識中國目錄學之特性與淵源流變之成書可資採用，乃一面授課，一面編寫講義，並逐年增訂。五十九年、輔仁大學增設圖書館學系，亦邀余開中國目錄學，講義分別由兩校油印，每次各印貳百份，原以爲可供兩三年之用，然多爲人索取，翌年分發，常感不敷，講義股須再繕印，數量繁多，深引爲苦。余以爲繕印誤字過多，且甚不經濟，乃於六十二年再予增改修訂，以手寫之稿交文史哲出版社影印，囑以特優價予選課學生，庶省兩校油印之勞費，以其非定稿，故以「中國目錄學講義」名書。

講義發行迄今已十餘載，曾多次再版。惟因此稿，係供課授之用，故遣辭較澀，且文字爲行書手寫，未標眉目，非經課授，閱讀甚感吃力，每次再版前，文史哲彭君輒以爲言，請改鉛字排印發行。余以校改未定一再緩之，雖有其心，然公務冗雜，暇時無多，雖曾改寫多篇，先後發表於故宮季刊等學術性刊物，但距全稿之完成尚遙，近四年來工作更繁，瑣務縈心，未暇繼續執筆，因循迄今。

臺大潘美月教授，余之畏友也，多年來在臺大、淡江、東海大學中文研究所講授中國目錄學，承其採用余編講義以爲教材，甚有心得，時摘瑕疵糾舉，足匡余所未逮。今年初，潘教授應北中部大學圖書館之邀，爲其館員進修，作目錄學系列之專題講演，甚以講義不便於自修，力促余重編排印，以應圖書館界之需，並願鼎力協助，隆情高誼，至堪紉感。乃與之議，概論篇由余繼續改寫，沿革篇則由其重編，最後由余綜論，歷時半載，全稿底定。玆全書排校畢工，謹略述其出版原委，以告讀此書者，並對潘教授之辛勤中致感謝之忱。

中華民國七十五年九月孝感昌彼得謹序於國立故宮博物院

中國目錄學　目次

甲、四部分法

第四章　四部統一時期的目錄——唐五代……一三五

第五章　部類試圖改革時期的目錄(一)——宋代

上篇　敍論篇

第一章　目錄釋名

近代社會上的一般人士，甚至於有一部份圖書館的從業人員，對我國的「目錄」或「目錄學」這個名辭，究竟包含些什麼意義，還不甚了了。以圖書作爲研究對象的學問，在英美國家稱作 Bibliography，日本稱作書誌學或書史學，我國早期稱爲校讎學，近世始通用「目錄學」一辭。Bibliography 一字是從希臘文 Bibliographia 而來，Biblio 是書册，graphia 的本義是圖象，或者是書寫的過程或形式（Process or Styles of Writing），用作接尾辭，則有說明科學的意味（例如 geography 是地理科學），兩個字連起來卽是以圖書爲對象的說明科學，對書籍的著述、印刷、出版等作有系統的敍述。日本所用的書誌學，其名辭則係採自我國。我國的目錄學雖也是以圖書爲研究對象的學科，但在體制上與英美等國有所不同。在了解它包含的意義與研討的範圍以前，先要明瞭這個名辭的淵源。

「目」是一個象形字，甲骨文作 （見鐵雲藏龜十六・一，殷虛文字乙編九六〇，殷虛書契後編卷下三四・五）、

或（見鐵雲龍藏編十一・一，殷虛書契前編卷四・三二・六）等形，金文中作（見金文編引㞢目父癸爵）形，都是取象人的眼睛外匡內瞳的形狀。管子宙合篇云：「目司視」。所謂「目」的本義是人眼。周禮考工記弓人：「斲目必荼」。鄭玄注：「目、幹節目也」。又呂氏春秋離俗覽貴信篇：「尺之木必有節目，寸之玉必有瑕瓋」。樹木幹節處的形狀與人眼相似，所以也稱爲「目」。人眼僅有兩個，而樹木的幹節却有無數，因之後世對於多數的名物，稱之爲目，如論語顏淵篇：

> 顏淵問仁，子曰：「克己復禮為仁。一日克己復禮，天下歸仁焉。為仁由己，而由人乎哉。」顏淵曰：「請問其目」？子曰：「非禮勿視，非禮勿聽，非禮勿言，非禮勿動。」

此處的「目」字概括多數的條目，即由幹節目的意義引申而來。「目」字尚有「要點」的意義，小爾雅廣詁：「最、凡、目、質，要也」。周禮春官簭人：「掌三易以辨九簭之名……四曰巫目」鄭注：「目謂衆事，筮其要所當也。」賈公彥疏云：

> 是要目之事，故論語顏回云，請問其目，鄭云欲知其要。顏回意以禮有三百三千，卒難周備，故請問其目。此云事衆，故亦筮其要目所當者也。

不僅如此，「目」字還含有逐一條舉的意思。按周禮天官宰夫：

> 一曰正，掌官法以治要；二曰師，掌官成以治凡；三曰司，掌官法以治目。鄭注：「治要，若歲計也；治凡，若月計也；治目，若今日計也。」

又僖公五年公羊傳云：「諸侯何以不序，一事而再見者，前目而後凡也。」春秋繁露卷十深察名號篇：「號凡而略，名詳而目。目者、偏辨其事也；凡者、獨擧其大事也」（玆據武英殿聚珍本，餘本無「大」字）。皆以目對凡而言，則「凡」的意義，是概括一切，而「目」適與之相反，乃將多數的名物項目一件一件的縷列稱敍。古人著書往往從書中採擷二三字作爲篇題，其情形有二種：或是隨事立意，概括一篇的要旨，如莊子內篇的逍遙遊、齊物論、養生主，墨子的天志、明鬼、尙同，荀子的勸學、修身、性惡等篇都是。另一種情形是全篇無中心主旨，則因篇命題，摘篇首的二三字當作篇題。如莊子外篇的秋水、馬蹄、及論語、孟子的各篇都是。這些篇題就是目。故劉向校書，漢書本傳稱他「比類相從，各有條目」。漢書藝文志說他「輒條其篇目」。卽是他將一書的各篇名目，皆逐一的條擧。

「錄」之一字，甲骨及鐘鼎文中都沒有，僅有「彔」字。「彔」、甲骨文作彔（殷虛文字甲編一一二三）、彔（同上五八八九）、彔（鄴中片羽三集四五一一）、彔（殷虛佚存四二六）彔（殷虛文字乙編八六八八）等形，金文作彔（大保簋）、彔（彔簋）、彔（彔伯簋）、彔（頌鼎）、彔（散氏盤）等形，與甲骨文字相似。關於這個字的解釋，許愼說是象形字。說文解字云：「刻木彔彔，象形。」究竟象什麼形？許愼未作說明。今人李孝定甲骨文字集釋則從而推衍云：「疑彔爲井鹿盧的初字，上象桔槹，下象汲水器，小點象滴水形。」然看凡從彔的字，都沒有鹿盧之義，故許愼所謂象形之說，後人頗爲懷疑。淸王筠說文釋例云：「上象其交互之文，下象其分披之文，要之不定爲何物，不得云象形也」。而說文部首訂則逕說「錄」係指事字。說文對於「彔」字解釋說：「金色也，從金，彔聲。」俞樾兒笘錄則辨其非，云：

> 樾謂錄為金色，於古無徵，許君蓋依綠字說之。綠從糸，為色青黃也，故錄從金為金色。金之色亦在青黃之間，然非字之本意。今按錄者，彔之或體也。彔部：彔、刻木彔彔也。刻木必用刀，故或從金。周官職幣曰：皆辨其物，而奠其錄。杜子春曰：定其錄籍也。隱十年公羊傳曰：春秋錄內而略外。蓋古人文字，著在方策，故謂之錄，卽從刻木之義而引申之也。

又朱駿聲說文通訓定聲云：「錄假借爲彔。按今抄錄字，古刻木爲書，故曰錄也。」章太炎著小學答問也說：

> 凡言記錄者，借為刻木彔彔之彔。古為書契，本刻木為之也。朿、縷、錄，古音皆在侯部，得相通假。縷、錄，同為朿，猶鏤、朿同為刻矣。

俞、朱、章三氏都謂錄是彔的假借字，訓錄爲彔的或體，要比許愼的解釋能得其實。不過朱章二氏謂古代圖書，本刻木爲之，則於古無稽。因爲我國自殷商時代用簡策作圖書以來，卽已用筆墨作爲書寫的工具，從來未有用刀代筆刻字在竹木上的事。只有商代的貞卜文字，才用刀契刻在甲骨上，故二氏的這種解釋則未可相信。「彔」旣是錄的本體字，彔字的意義究竟是什麼？說文解字釋爲「刻木彔彔」，段玉裁注云：

> 小徐曰：彔彔、猶歷歷也，一一可數之貌。按剝下曰：彔、刻割也。彔彔、麗廔嵌空之貌。

則是彔的本義是刻劃雕鏤，而且清晰得歷歷可數。刻劃須用刀，遂從金而成錄，因殷商卜辭係用刀劃，乃引申爲記錄、著錄。關於先秦時代「錄」字的意義，淸孔廣居撰的說文疑疑解釋得比較淸楚，他說：

> 彔卽錄本字。一訓記也，檀弓「愛之斯錄之」、公羊傳「春秋錄內而略外」是。一訓次第也，國語「今大國越錄」是也。又卽祿之古文，鐘鼎銘祿多作彔是也。刻木者，方册也；彔彔者錄祿也，謂錄其功而祿之也。从工、象規榘；从亻、象繩墨，皆所謂刻工也，亦卽王者之所以程才也。从人，所彔之人也，从二，象所刻功與祿之次第也。左右等者，祿之厚薄必準其功之大小也。（卷上）

雖然他以象形解釋篆文錄字，未免穿鑿，但訓錄字有次第之義，能發前人所未發。按國語卷十九吳語，記載晉吳等國黃池之會，吳師昧明進逼吳師的軍營，晉定公遣使質問，云：

> 兩君偃兵接好，日中爲期。今大國越錄，而造於敝邑之軍壘，敢請亂故？

韋昭注「錄」字，云：「第也」。則吳國所越的「錄」，當是現代會議所依據的議事日程。原來商定日中開會，今吳師昧明進軍，故晉使責吳國越錄，卽指斥他不遵守程序。故「錄」字不僅爲記錄、著錄，還兼有一定的次第秩序的意義。所以後代每一部書前的目錄，也可以稱曰目次。

「目」字是將多數的名物逐一條舉，「錄」字是含有一定次序的記載，這兩個字在先秦時代卽已分別的成爲習用辭。至於將這兩個字連成一個專門名辭，始於什麼時候？四庫總目目錄類小序云：「鄭玄有三禮目錄，此名所昉也。」但根據其他的資料來看，四庫總目的說法是不對的。按漢書敍傳云：「劉向司籍，九流以別，爰著目錄，略序洪烈，敍藝文第十。」是記載目錄一辭最早的典籍。又文選李善注任彥昇爲范始興作求立太宰碑表，引劉歆七略曰：「尙書有靑絲編目錄」，注王康琚反招隱詩引「劉向列子目錄曰：至於力命篇，一推分命」。據此，可以知道西漢成哀帝時劉氏向歆父子校書，所著作的卽已稱爲目錄。然就今存劉向的各篇敍錄來看，或稱序錄，或但稱錄。如文選注引的列子目錄之文，在原書實稱書錄。故劉氏父子校書時，雖有目錄之實，是否已居其名，尙未敢遽定。但在東漢的初葉班固撰漢書時，目錄已連成一個通行的專門名辭，則是無可懷疑的。

何謂目錄？漢書藝文志云：「劉向校書，每一書已，輒條其篇目，撮其旨意，錄而奏之。」所謂撮其意旨，卽是指敍述一書的大意。所以目錄者，目是指一書的篇目，將篇目逐一列舉出。錄則是合篇目及撮述一書大旨的敍而言。錄旣是兼包敍與目，則單擧「錄」卽可以概括篇目。故劉向校定書後所奏上的篇目及一書的旨意，載在本書前面者，稱之曰「錄」，或「敍錄」。譬如現今流傳劉氏向歆所校定的戰國策、荀子、晏子、管子、鄧析子、韓非子、列子、說苑、山海經等九書書前的敍錄，卽是其例（另有關尹子、子華子、於陵子三書書前也冠有劉向敍錄，但因此三種書係宋明人僞作，敍錄當亦出杜撰，故不計入）。將各書的敍錄編集起來而單行者，則稱爲別錄，猶之於四庫全書總目之與各書前提要。隋書經籍志著錄劉向別錄凡二十卷。其所以又特著「目錄」的名稱者，蓋劉向奉詔校書，主要在釐定各書的篇目，故特標擧「目」字。因爲當時的古書大多是篇卷單行的，如王充論衡正說篇載河內女子獻泰誓，後漢書竇融傳載：光武皇帝賜竇融太史公書中的五宗、外戚世家及魏其侯列傳各一卷。循吏傳載明帝賜王景史記河渠書一篇，即是例子。古書既然篇卷可以單行，所以同是一書，各家收藏的本子多寡不一。劉向乃集合每一書中外的藏本，加以讎校，除去重複，定著爲若干篇，於是列擧出篇目，以防散佚，且以顯見此校定本與各舊本的不同。如管子敍錄云：

所校讎中管子三百八十九篇、太中大夫卜圭書二十七篇、臣富參書四十一篇、射聲校尉立書十一篇、太史書九十六篇，凡中外書五百六十四篇以校，除重複四百八十四篇，定著八十六篇。

又說苑敍錄云：「今以類相從，一一條列篇目。」在篇目之後，又作敍錄一篇，發明這部書的旨意，隨書奏進。因爲校讎的本意，即以釐定篇目爲主，故並擧目而言之，總稱爲目錄。各書所載向歆的奏文，或謂作「錄」與「敍錄」者，不過是擧偏以概全耳。

漢魏之世所謂的「目」僅是指一書的篇目，「目錄」一辭，是指一書的篇目及敍錄而言。如上面所擧的文選注引列子目錄、尙書靑絲編目錄、及鄭玄三禮目錄等等。故雖以劉氏向歆父子所著的別錄七略，有後代目錄之實，但尙未用此辭作爲書名。總括羣書也不稱作目，而名爲簿，如魏鄭默編的中經簿、晋初荀勗編的中經新簿等即是。把若干的書名編類成爲一部書，名曰「書目」的，就現存的資料來看，大概始於東晋，最早的是李充所編的晋元帝四部書目。此目隋志未著錄，見唐釋道宣廣弘明集卷三所收阮孝緒七錄序後附古今書最，云：「晋元帝書目四部三百五帙，三千一十四卷。」又如南史任昉傳：

昉家雖貧，聚書至三萬餘卷，率多異本。及卒後（梁）武帝使學士賀縱共沈約勘其書目，官無

> 者，就其家取之。

則「書目」之名，南北朝時使用已漸普遍。用「目錄」二字作爲書名的，始於劉宋邱淵之所編的晉義熙已來新集目錄。這部目錄，隋志著錄三卷。從其目卷數的簡少，可以推知這本目錄僅載書名，而沒有敍錄，與李充晉元帝四部書目相同。從此以後，一般編書目的，遂相襲沿用。以「錄」一字附屬於「目」後，於是但記書目，不列載篇目及敍錄的書目，皆冒用「目錄」之名，如隋志所著錄的六朝各官修目錄，及近世明陳第世善堂藏書目錄、清金檀文瑞樓藏書目錄等皆是，則已失去了「目錄」一辭的原義了。

我國的目錄學淵源於別錄七略。劉氏向歆父子領校中秘書，在分類編次撰述之先，須經歷整理校讎的過程。別錄云：

> 讎校者，一人讀書，校其上下，得謬誤曰校；一人持本，一人讀書，若怨家相對，故曰讎也。

(見太平御覽卷六一八引，又文選左太冲魏都賦李善注引風俗通亦同)。

校讎者，原意指校勘文字篇卷的錯誤而言。然而自向歆的校讎秘閣圖書，乃將篇章不一，雜亂無序的古籍，經過整理，鑑定其篇章，校正其文字，撰述各書的敍錄，以固定它的形質，然後繕寫定本，分類編次，以便於庋藏尋檢。這一種工作，自校讎至編定目錄，實有一貫性，而不可劃分。其後如晉代的荀勗、劉宋時的謝靈運，皆嘗領秘書監，奉詔整理典籍。以至於唐代的羣書四部錄、宋代的崇文總目、清代的四庫總目等，未有不經歷這些過程的，以校讎始，以編定目錄終。故前人把這一連串的過程，用「校讎」這一名辭來統括之。而研究這一門的學科，稱之爲校讎學。宋鄭樵著通志二百卷，內有校讎略一卷，發揮校讎的學理，以訪求遺籍、校書、詳類例、明編次等項工作，爲校讎的主要任務。清章學誠撰校讎通義三卷，也是推闡向歆的錄略之學。且說：

> 校讎之學，自劉氏父子淵源流別，最為推見古人大體，而校訂字句，則其小焉者也。千載而後，鄭樵始有窺見，而未盡其意，人亦無由知之。世之論校讎者，唯爭辨於行墨字句之間，不復知有淵源流別矣。近人不得其說，於古書有篇卷參差，敍例異同，當考辨者，乃謂古人別有目錄之學，其屬詫聞。（章實齋先生讀書劄記卷一信摭篇）

近人范希曾氏曾爲校讎學下一定義，曰：「故細辨夫一字之微，廣極夫古今內外載籍之浩瀚，其事以校勘始，以分類終，明其體用，得其總理，斯稱校讎學。」觀以上諸家所說都是標舉校讎學以統括現代所謂的目錄學。尤其章實齋並否認在校讎學以外，別有目錄學。其實章氏所說的目錄學，乃是指的校勘學，大概他對這新興名辭的意義，還不甚瞭解的緣故。然而世代遷替，今與古異。自晉以後，私家藏書漸盛，自雕版印刷術發明以後，一部書刻成，印行不下千百部，傳本容易獲得，是故收藏家的藏書，也比往代豐富。而私家藏書，不像前代秘閣的收藏，須要經歷校讎、整理、繕定等等過程。祇要詳類例、明編次，俾使人能夠依據目錄以窺學術的門徑，即類以求書就夠了。故目錄學從校讎學中分化而出，也是時勢之所趨。「目錄學」一詞，始見於淸乾隆中王鳴盛所著的十七史商榷（見卷一，謂：「目錄之學，學中第一要緊事，必從此問途，方能得其門而入」）。盛淸時代，因受明代人刻書校勘不謹，喜加極盛。篡改的反應，校勘學——卽章實齋所抨擊「惟爭辨於行墨字句之間」的所謂狹義的校讎學——極盛。目錄學已有與它衍分爲二途，自成爲一門學科的趨勢。自從西洋學術大量的介紹來我國，國內的新式圖書館紛紛建立，目錄學遂與校勘學分道揚鑣，由往日的附庸而蔚成大國。雖然近人的撰著，如胡樸安的校讎學、孫德謙的校讎學纂微、蔣元卿的校讎學史、劉咸炘的校讎述林、姚名達的中國目錄學史等書，所討論的仍爲廣義的校讎學，兼包校勘與目錄。目錄與校勘二者之間，在歷史上固然有密切的關係，但在近世衍分成爲兩種不同的學科，也是不爭的事實。「目錄」這一名詞，起於劉向，涵蓋一書的篇目與敍錄，晋末或用爲簿錄書名，入唐，且用來作爲分類上部類的名稱，實淵源有自。故用此名辭以稱條別源流、分類編次的學科，實遠較鄭章以下諸氏所標擧的校讎一詞來得妥切。

第二章　目錄學的意義

要研究我國的目錄學，不可不先明瞭我國目錄學的意義究竟是什麼？我國的目錄學淵源於漢代劉氏向歆父子的別錄七略。漢成帝時劉向領校秘書，在每一種書經過專家校讎整理編定後，則條舉它的篇目，並撮述其書著作的旨意，撰寫爲敍錄，以之奏進。劉歆又根據向及他自己所校定的秘閣所藏各種圖書的目錄，依書的內容及學術流別，予以分類編排，著成七略七卷。凡分六藝、諸子、詩賦、兵書、數術、方技等六個大類，內含三十八個小類，另外有輯略一篇，總論各門類學術的源流及旨要。依據別錄七略撰著的宗旨，則可以知道著作一部目錄，必定先要通盤瞭解一代學術的大勢，及各學派與各書的宗旨，而後乃可以將雜亂無序的圖書部次類居，才能免除凌亂失紀、雜而寡要的弊端。使人一讀目錄，就可以知道某項學術屬於那一家，某書屬於那一派。而對於古今學術的興衰隆替，作者的得失優劣，都可以從目錄中考索而得。是以目錄的目的有二：第一、在將凌亂繁雜的圖書，予以分類部次，使得井井有序；第二、要區辨各書的學派，考述各門類學術的淵源流別，也就是章學誠所謂的：「辨章學術，考鏡源流」。此兩者不可缺一。因爲目錄的編著，是以書籍爲對象，而不是以學術爲對象。如以學術爲對象，而爲之條析源流，寫成一部著作，僅可以稱爲學術史，不得稱作目錄。但如以書爲對象，而不知道學術的源流，與各書著述的宗旨，則無從部次類居，而致淩亂無序。將正如章學誠所譏評的：「如徒爲甲乙部次計，則一掌故令史足矣」，不足以稱爲學。後世的目錄書，雖然體制或有不同，要皆以這兩個目的作爲編撰的依歸。

我國前代的目錄，就可以考知者，從其體制的不同，大別可以區分爲三類：一爲部類之前或後有小序，書名之下有解題或提要者；二爲僅有小序，而無解題者；三爲小序解題俱無，祇載書名、篇卷，及作者者。前人討論目錄學，對於這三類，雖然各有他們的主張，但對於撰著目錄的宗旨，必求其可以考見學術的源流，則無二致。茲分別加以研討：

有小序及解題的書目，今已失傳的如齊王儉七志、梁阮孝緒七錄、隋許善心七林、唐元行沖群書四部錄、及毋煚古今書錄等。尚存的如宋晁公武郡齋讀書志、陳振孫直齋書錄解題、元馬端臨文獻通考經籍考、清四庫總目等，及名存而實亡的宋崇文總目之類都是的。隋書經籍志簿錄類小序說：

> 漢時劉向別錄、劉歆七略，剖析源流，各有其部，推尋事跡，疑則古之制也。自是以後，不能辨其流別，但記書名而已。博覽之士，疾其渾漫，故王儉作七志，阮孝緒作七錄，並皆別行。大體雖準向歆，而遠不逮矣。

隋志抨擊晉以後的各家目錄，而獨尊向歆，蓋因爲劉向的別錄，每一部書都有敍錄，對於其書的指歸訛謬，皆有論辨。劉歆的七略，有輯略剖析九流百家學術的源流，所以極爲推崇。自晉元帝時李充編四部書目，下迄隋代，歷朝的官修書目，都只有少數幾卷，不著小序與解題，所謂「不能辨其流別，但記書名而已」，故評爲「渾漫」，認爲它們不能達到目錄的功用，故無足輕重。淸章學誠校讎通義互著篇也說：

古人著錄，不徒爲甲乙部次計。如徒爲甲乙部次計，則一掌故令史足矣，何用父子世業，閱年二紀，僅乃卒業乎？蓋部次流別，申明大道，敍列九流百氏之學，使之繩貫珠聯，無少缺逸，欲人卽類求書，因書究學。……古人最重家學，敍列一家之書，凡有涉及一家之學者，無不窮源至委，竟其流別，所謂著作之標準，群言之折衷也。

按漢書成帝紀，河平三年（西元前二六年）秋八月，劉向奉敕校中秘書，綏和元年向卒，而由劉歆繼續主持其事。據楚元王傳載建平元年（西元前六年）歆改名秀，今傳山海經前載有歆上書表，卽署名秀，知在這一年他仍在主持校讎的事。同年歆移書責讓太常博士，觸大司空師丹之怒。師丹於綏和二年十月爲大司空，僅一年，建平元年十月被策免。而歆亦因此忤執政大臣，懼誅而請求外調郡縣。則劉歆奏進七略，當在建平元年的夏天以前。從向校書中秘，至歆編成七略，前後二十一年。章實齋說「閱年二紀」，乃舉其成數而言。這二十一年，蓋包括圖書的整理、校讎、及繕寫等項工作在內。若僅編一部著錄尚不足六百種書的目錄，當然不需要這麼多的時間。章實齋所舉的例子，雖不甚恰當，但他認爲向歆撰著目錄的目的，在使人能卽類以求書，因書以究學，凡涉及此一家學術的，無不窮源至委，條其流別，兼包學術的歷史，則並不錯。而論析學術的源流，概述圖書的大旨及優劣得失，非有小序及解題兩種體制，無法達到它的功用。帳簿式的目錄，是這一派學者所不取的。

僅有小序而無解題的書目，如漢書藝文志、隋書經籍志，及明焦竑的國史經籍志等。漢志是增刪七略而著成，七略原有解題，班固予以刪削，但保存了它的輯略這篇文字，分散編入各類之後作爲序。如大序論學術折衷於孔子，諸子略的小序皆推言某家學術出於古代某官所掌，其流而爲某某氏之學。又書名之下往往有簡注，於書名之晦澀者加以註明，例如諸子略儒家董子一篇，注云：「名無心，難墨子。」六藝略易類蔡公二篇，注云：「衞人，事周王孫」，將書的內容或著者的學術背景作簡略的介紹。隋書經籍志則依據阮孝緒的七錄而增益之，書名之下也多有注。這種情形不過是刪繁就簡，是史學家著述目錄的一種體裁，其重點在存一代的文獻，並不是認爲解題沒有用處。至於辨章學術的得失，考鏡各家的源流，僅有小序也足以來發明。不過自唐以後的史志，僅列載書名，而不撰小序，且不足以保存一代的文獻，則是史家目錄的變體，不足以作爲準則，明焦竑撰國史經籍志，他在魏徵隋志之後九百多年，能規復小序，尚是通於史家目錄著述的宗旨，比起宋代諸賢來要勝過很多。

既無解題又無小序的書目，已佚者如晉迄隋歷朝的官修目錄，存者如唐宋明諸史藝文志、通志藝文略、以及明以來的各家藏書目之類均是。這一類的書目，不辨學術流別，但記載書名、卷帙、著者，而分類部次，深爲隋志及章氏等所譏評。然而學術重在條別門類，假若能够周悉它的淵源沿革，因而製訂出周詳的分類法，來部次圖書，也就是作到章學誠在和州志藝文書序例所說的「以部次治書籍」，則可以秩然不紊，也足以辨章學術，考鏡源流。宋鄭樵卽主張此說，他嘗云：

> 類例既分，學術自明，以其先後本末具在。觀圖譜者，可以知圖譜之所始；觀名數者，可以知名數之相承，讖緯之學，盛於東都；音韻之學，傳於江左。傳注起於漢魏，義疏盛於隋唐。觀其書，可以知其學之源流。或舊無其書而有其學者，是為新出之學，非古道也。(通志校讎略編次必謹類例論篇)

其意以爲只要詳類例，學術的淵源流別自然可以顯現出來。鄭氏並且譏評崇文總目的解題爲毫無意義，他在校讎略泛釋無義論篇中又云：

> 古之編書，但標類而已，未嘗注解，其著注者人之姓名耳。蓋經入經類，何必更言經？史入史類，何必更言史？但隨其凡目，則其書自顯。唯隋志於疑晦者則釋之，無疑晦者則以類舉。今崇文總目出新意，每書之下必著說焉。據類自見，何用更為之說？且為之說也，已自繁矣，何用一一說焉？至於無說者，或後書與前書不殊者，則強為之說，使人意怠。

崇文總目的解題，是遠紹承劉向別錄的成法，並不是王堯臣、王洙、歐陽修等人自創的新意。鄭氏唯尊隋志，故發此論。所以四庫總目批評他是海濱寡畯，非出公心。鄭氏對崇文總目的譏評，固有未當。不過他的詳類例，而學術源流自明的見解，揆諸劉氏向歆父子的錄略，實導源於先秦學術的分類，也算得上不易之論。但如鄭樵之說，其編次必須要著錄亡佚的書(樵有編次必記亡書論篇)，始能顯現其學的本末源流。而我國的典籍，累代遞增，歷朝書目，不論存佚，均予以著錄，則篇目依舊，頻煩互出，斯眞難免如劉知幾對史書藝文志的評詆：「何異以水濟水，誰能飲之乎」(史通書志篇)？何況目錄的作用除了明學術源流外，還要供人卽類以求書，若不論存佚，概予著錄，則不便於檢書。是故鄭氏詳類例而學術自明之說，雖然也是目錄的一端，但尚非極則。

綜以上所論三類目錄的體制雖各有不同，前兩類以辨章學術，考鏡源流，來部次群書。換句話說，卽以辨章學術，考鏡源流爲主，分類部次爲輔。後一類則反是，以分類部次群籍來顯現學術的源流本末，主從的關係雖然有殊異，但其目的則無二致。

目錄書對於不同的本子，兼載併收，以標擧其書的異同，其來甚古。我國最早的一部目錄書——劉歆七略，雖然原本不傳，但它的體例，從漢書藝文志還可以窺見。漢志書類在伏生二十九卷之外，又著錄古文經四十六卷；春秋類於左氏國語二十一篇外，又有劉向編的國語五十四篇；於論語，分別的著錄了齊、魯、古三個本子，於古論二十一篇，注云：「出孔子壁中，兩子張」；於齊論二十二篇，注云：「多問王、知道」。目錄書不厭重出者，蓋不如此，則書本的異同，無從窺見。不過這種道理，自隋以來，不甚爲目錄學者所重視。自雕版印刷術發明以後，書籍大都用雕印的方法來流傳。清乾嘉以降，版本校勘之學興起，而目錄的著錄項，已經不能像前代的目錄僅僅記載書名、篇卷、著者就够了，必須著明它的版本，始能使閱者知道這部書的流別內容。因爲書版本的不同，不僅是文字有正誤之別，它的內容往往有很大的差異。有的是卷數相同，而書的內容詳略各異：例如宋魏泰的臨漢隱居詩話，今流傳的有說郛、學海類編、歷代詩話、知不足齋叢書、湖北先正遺書等刻本。都是一卷。但前兩種本子僅有三十五條，歷代詩話本更少一條，只有三十四條。後兩種本子則有六十九條，不僅篇帙多到一倍，而且各條的文句也比前三本多出很多，因爲前三本係出之於元人的删節。有的是因校勘精粗有別而脫誤的不同：例如水經注，明代的各刻本率多經注混淆，文字脫誤，清武英殿本及全祖望、趙一清等校刻本，補脫正誤多達七千餘字。或者有輯本與原本的不同：例如元張養浩著的雲莊類稿，今流傳的有出自清四庫館自永樂大典輯編本，與今尚存的元代刻本，卷數內容各異。假若不載明是什麼版本，則目錄編著者與讀者所見的本子，可能不是同一版本而不自知。編撰目錄中敍錄或解題的論說，不能不依據原書。假若撰目錄者所依據立說的是足本，而讀者所看的是節本，則目錄書中所敍述的，在他所持有的書中往往尋覓不到。假如目錄撰者所依據的是善本，而讀者所見的是誤本，則考對起來往往不相符合。假如目錄撰者所依據的是原本，而讀者所見的是別本，則篇卷的分合，目次的先後，往往互相乖刺。目錄的作用本來是指導讀者治學的門徑，而彼此所見的不是同一書本，好像治絲而棼，反令讀者困惑而無所適從，故關係甚大。反過來說，假如編撰目錄的人，沒有見到善本、原本、足本，而執着節本、誤本、別本以爲之論說，則他所說的是非得失，可能與事實大相背謬。譬如四庫總目卷一二三宋江少虞事實類苑提要，說此書傳本只有六十三卷、二十四門，因而批評書前所載的江氏自序謂爲二十八門，是傳寫之誤。按這部書近代發現通行的日本元和七年活字本，乃翻印宋紹興間麻沙坊本，凡七十八卷，確分二十八門，江氏的序並不誤，只不過四庫館臣未見到罷了。又譬如宋馬永易實賓錄，四庫提要云：「自元以來，其書久佚，陶宗儀收入說郛者，僅寥寥數條」。按今通行出自明鈔本的說郛，陶氏所錄的，多達二百八十八條。蓋四庫館臣所依據立說的，是明末陶珽重編的本子，而不是陶宗儀的說郛原本。若此之類，是不僅厚誣古人，而且貽誤後學。故清代校勘學家顧廣圻序他的朋友秦恩復的石研齋書目云：

> 蓋由宋以降，版刻衆矣。同是一書，無弗夐若逕庭。每見藏書家目錄，經某書，史某書云云，而某書之爲何本，漫然不可別識。然則某書與否，且或有所未確，又烏從論其精觕美惡耶？
>
> (思適齋文集卷十二)

顧氏畢生從事校勘，深深了解書因版本的不同，其內容差異甚大。故若不著明版本，所謂的某某書，是不是它的本來面目，閱目錄的人則無從確定。我國目錄書之載明版本，就今流傳者來看，始於南宋孝宗時尤袤的遂初堂書目。這部書目中所著錄的，有的一書多至數本，但大抵限於經史典籍，因爲這些書宋代刊刻比較多的緣故。明代則有嘉靖時晁瑮寶文堂書目，清嘉道以後，始漸普遍，衍及近代，則著錄益詳。標擧百宋千元，並不僅僅是務在矜炫，也是事實上有這種必要。

綜合前面的討論，則對於我國目錄學的意義，可以瞭解。所謂「目錄學」者，是詳分類例來部次群書，並進一步推闡各書的旨要，辨學術的源流本末，誌版本的異同優劣，使閱者能夠卽類而知道學問，因學問而知道求書，求書時知道選擇版本的一種專門學術。是以目錄不僅限於記載書名，目錄學也不僅在於將繁富雜亂的圖籍，分類編目，以便於尋檢而已。而應該積極的介紹書的內容，使學者得依據以爲指南，來從事於學術的研究。

第三章　目錄學的功用

目錄書既然是將許多書集在一起，將它們分類編次，亦重在辨學術的源流本末，並明瞭版本的優劣異同，故後人遂利用來作治學的參考。或用爲考證的資助，或供作涉徑的指南，其功用甚廣。玆略舉其犖犖大者數端，加以申論：

一、治學涉徑的指導　張之洞書目答問略例云：「讀書不知要領，勞而無功。知某書宜讀，而不得精校精注本，事倍功半。」我國的典籍繁富，學術浩瀚無涯，而人生短促，無法徧曉。卽使略知其端緒，而諸書的疏注繁多，傳世的版本又衆，又何從而抉擇？故必仰賴目錄爲之指示途徑，使知其指歸，辨其緩急，卽類以求書，因書以知學。張氏的輶軒語語學篇，論讀書宜有門徑條說：

汎濫無歸，終身無得。得門而入，事半功倍。或經、或史、或詞章、或經濟、或天算地輿。經治何經？史治何史？經濟是何條？因類以求，各有專注。至於經注，孰爲師授之古學？孰爲無本之俗學？史傳孰爲有法？孰爲失體？孰爲詳密？孰爲疎舛？詞章孰爲正宗？孰爲旁門？尤宜抉擇分析，方不致誤用聰明，此事宜有師承，然師豈易得，書卽師也。今爲諸君指一良師，將

> 四庫全書總目提要讀一遍，卽略知學術門徑矣。

蓋卽强調目錄書爲治學的門徑。我國目錄書或是泛集羣籍，或是專錄一科，都足資涉學之助。宋晁氏作志，顏以讀書，振孫著錄，名曰解題，發蔀刮蒙，由來已久。晚近所傳，如龍啓瑞的經籍舉要，張文襄的書目答問，或指示其內容，或詳注其版本，更具津逮後學，啓蒙發聵之效，此目錄學的第一項功用。

二、鑒別古籍的眞僞　讀書之要，首在能鑒別；鑒別之道，首在別眞僞。因爲眞僞不辨，而誤信贋假，所獲得的知識，卽不眞實，所考證而得的結論，亦不可信。宋代大儒眞德秀引尚書大禹謨篇中：「人心惟危，道心惟微，惟精惟一，允執厥中」十六字，說是「堯舜禹傳授心法，萬世聖學之淵源。」（大學衍義卷二）元明以來的學者，都相信他的學說。然而大禹謨篇實乃晉代人所僞作，以晉人杜撰的話認爲是古聖堯舜禹傳授的心法，豈不是厚誣古人？故自唐以降，鑒別典籍的眞僞，寖成風氣。如唐代的柳宗元、宋代的朱熹、葉適，明代的宋濂、胡應麟，淸代的姚際恒等人，或有專書，或有專篇，以考辨古籍的眞僞。雖然辨僞的方法很多，不僅一端，然而依據目錄考其書的源流，則是首要也是最基本的方法。胡應麟在所著四部正譌一書論辨僞有八種方法，其首二法，他說：「覈之七略以觀其源，覈之羣志以觀其序。」梁任公著「古書眞僞及其年代」，其甲編從傳授統緒上辨別各項：大抵是根據目錄書來辨別眞僞。故葉德輝說：「鑒別之道，必先自目錄學始」（藏書十約）。玆聊舉兩例以明之：今傳有關尹子一卷，題周關尹令喜撰。按漢書藝文志著錄關尹子九篇，是漢代確有其書，不過隋唐史志及宋國史志都未著錄，可以說明漢代流傳的關尹子一書早已失傳了。現今傳世的關尹子據南宋時徐藏說係得自於永嘉孫定家藏的，其來源可疑，故陳振孫直齋書錄解題、宋濂諸子辨都懷疑是孫定所僞造。再如今傳的子貢詩傳、申培詩說二書，說是明嘉靖間盧陵郭子章家所出的，而郭氏得之黃佐，並謂黃氏係獲得了晉代虞喜所傳摹自秘閣的石本。魯詩早已亡於西晉，所以這兩部書一出現，當時人驚爲秘笈，紛紛傳刻，或據以撰著。然而考之自漢迄宋諸史藝文志及各家藏書目皆未著錄，故可斷定必爲明人（經近人考訂爲明豐坊或王文祿）所僞撰。按漢書東方朔傳云：「朔之文辭，此二篇最善（指答客難及非有先生論），其餘有封泰山、責和氏璧、及皇太子生禖、屏風、殿山柏柱、平樂觀獵賦、八言七言上下、從公孫弘借車，凡劉向所錄，朔書具是矣（師古注：劉向別錄所載）。世所傳他事皆非也。」（師古注：謂如東方朔別傳及俗用五行時日之書，皆非事實也）。後漢書張衡傳謂：「初，光武善讖，及顯宗、肅宗因祖述焉。自中興以後，儒者爭學圖緯，兼復附以妖言。衡以圖緯虛妄，非聖人之法，乃上疏曰：劉向父子領校秘書，閱定九流，亦無讖錄。成哀以後，乃始聞之」。據此，則劉向別錄成書未久，班固撰著卽加以引用。以張衡的博洽，他考讖緯的源流，亦據目錄來論斷。則以目錄鑒別書籍的眞僞，漢人已開其先聲。這是目錄學的第二項功用。

三、可考典籍的存佚　我國的圖書隨著時代不斷的遞增，然而也因時代的動亂而不斷的亡佚。劉歆七略著錄六百零三家，晉中經簿著錄一千八百餘部，到了南朝蕭梁時代阮孝緒編七錄時，調查統計說：「七略書、五百七十二家亡，三十一家存；晉中經簿、一千一百一十九部亡，七百六十六部存。」

是前者所存僅及百之四、五，後者所佚已達什之五、六。漢志所載之書，求之隋志，十無二、三；隋書著錄的書，求之唐志，則十僅六、七。如果典籍任其亡佚，稽古無徵，這是學者所擔心的事。所以歷代有徵求遺書的事，如西漢成帝遣謁者陳農求遺書於天下（漢志序）；元魏孝文帝借所缺書於蕭齊，以充秘府（隋志序，又簿錄類有魏闕書目一卷）；李唐昭宗命監察御史韋昌範赴諸道購求（新唐志）；趙宋南渡，以唐藝文志及崇文總目所缺書下諸州軍搜訪（宋會要稿）。他們搜訪遺書的方法，大都是依據前朝的舊目錄，核計現存，才知道缺佚了些什麼，預備一部闕書目來搜訪，始能按圖索驥，裒集徵求。因爲書有在當代因某種原因不通行，而顯於後代；也有官府雖未收藏，而民間有收藏者；或其書在國內已亡佚，而海外猶有存者。譬如明代末年人的著作，因涉及滿洲遼事，淸初多遭焚毀，無人敢於藏弆。自淸季以後，那些禁書漸漸復現於世。再如平話雜劇之類的書，明淸的學者多不重視，鮮見於著錄。近年研究成風，多方收羅，紛紛重見，此皆顯於後世者。淸修四庫時，浙江的藏書家鮑士恭、范懋柱、汪啓淑等人，各進呈書數百種，多爲內府所無，此備於民間者。梁代的皇侃所著論語義疏，到了南宋便失傳了。淸乾隆間有人自日本買到進呈內府，始收入四庫全書。光緒中黎庶昌輯刻古逸叢書，不少是國內所不傳的版本，皆是楊守敬在日本所購得，此猶存於海外之例。這些佚書若目錄無所稽考，則莫可訪求，是雖存猶佚。故鄭樵說：「書之易亡，由校讎之人失職故也。」我國前代編目，多備有闕書目錄，以俾徵求。如宋齊間的王儉撰七志，於目錄之後，條列七略及兩漢藝文志、晉中經簿所載而今闕之書，列爲一志。梁阮孝緒作七錄，亦循其例。隋書經籍志除著錄現存者外，並參考梁朝的目錄，注明或亡或缺。唯唐人編目，只錄其有，不注其無，然尚可知其存。而宋志僅略收前代之作，明志但錄一朝之書，並古籍的存亡亦不可知，最爲失之。所幸宋明私家藏書目，今傳世猶不乏，尚藉可考見。隋牛弘以內府的典籍缺逸，特抄備書目，上表請開獻書之路。一、二年間，徵集所得，使內府的書稍稱完備。史載隋嘉則殿的藏書達三十七萬卷，於古最盛，足徵按目求書的效果。這是目錄學的第三項功用。

四、藉知佚書的概略內容　我國的目錄書，以敍錄爲重點。敍錄的撰寫，主要在介紹作者及書的內容大概。古籍不傳於今者，假如有目錄，尚可藉見其書的內容，是書雖亡而猶存。唐代以前有解題的目錄，如劉向的別錄、劉歆的七略、王儉的七志、阮孝緒的七錄、許善心的七林、元行冲的羣書四部錄、毋煚的古今書錄等，可惜現今都不存。假如今尚傳世，則我們對於古代的學術所知更多。然而仍可從漢隋諸史志略窺其崖略。漢志依據七略，雖然僅載書名，但班固偶而在書名下加注來說明。如子晚子三十五篇，漢注：「齊人，好議兵，與司馬法相似。」司馬法現尚傳世，由之可推見子晚子一書的大概。如世本十五篇，注云：「古史官記黃帝以來訖春秋時諸侯大夫。」世本一書今有輯本，可資覆核。隋志則損益七錄，如古史類在淮海亂離志四卷下，注云：「敍梁末侯景之亂。」舊事類在交州雜事九卷下，注云：「記士爽及陶璜事」。雖僅寥寥數字，對其書的大概內容可藉以知曉。元明以前的解題目錄，今僅存晁公武郡齋讀書志、陳振孫直齋書錄解題、及文獻通考經籍考三家，崇文總目則原本已佚，今但有輯本。朱彝尊跋崇文總目，說：「當時撰定諸儒，皆有論說，凡一書之大義，爲舉其綱，法至善也。其後若郡齋讀書志、書錄解題等編，咸取法於此。故雖書有亡失，而後之學者覽其目錄，猶可想見全書之本末焉。」（曝書亭集卷四十四）四庫總目書錄解題的提要云：「其例以歷代典籍分爲五十三類，各詳其卷帙多少，撰人名氏，而品題其得失，故曰解題。古書之不傳於今者，得藉是以求其崖略；其傳於今者，得藉是以辨其眞僞，核其異同，亦考證所必資。」四庫全書所未收而列於存目的書，達六千餘部，今歷時兩百年，而佚者又復不少，我們仍可據四庫總目存目提要而考其內容，此目錄學的第四項功用。

五、可核書名的異同　亘古迄今，圖書浩瀚，有名同而內容實異者：如漢志兵書略形勢家著錄的尉繚子三十一篇，與諸子略雜家的尉繚子二十九篇同名；兵陰陽家的孟子一篇，與諸子略儒家的孟子十一篇同名；又師曠八篇，與小說家的師曠六篇同名；力牧十五篇，與道家的力牧二十二篇同名；兵技巧家的伍子胥十篇，與雜家的伍子胥八篇同名。或有名雖異，而書實同者。如老子一名道德眞經、莊子一名南華眞經、列子一名冲虛至德眞經等，此皆人所熟知者；他如張楫的博雅，原名廣雅；李綽的尙書談錄，即尙書故實。又如顏師古大業拾遺記，一名南部煙花，又名隋遺錄；虞世南的北堂書鈔，一名大唐類苑，又名古唐類苑；不知作者所撰的豪異秘纂，一名傳記雜鈔，又名載五事。亦有原來的名稱不用，通用後來的書名：如今本史記，初名太史公書；淮南子內篇，初名鴻烈；世說新語，初名世說新書；太平御覽，初名太平類篇；永樂大典，初名文獻大成；百陵學山初名丘陵學山之類是也。更有同一書名，而作者紛歧：譬如史記音義，作者九家；漢書音義，作者一十二家；晉紀一書，作者十一家；晉書一書，作者十八家；此皆先後著作，偶同其名。像這些不同種類書名作者混淆的情形，假若不依據目錄，則循名擇實，難予貫通。這是目錄學的第五項功用。

六、檢覈古書篇名的分合及卷帙的增減　先秦的古籍，頗多雜揉。如韓非子初見秦篇，實採自戰國策，乃張秦說秦惠王的說詞。荀子中的成相篇及賦篇，據漢志所載，本來係別行，而自唐楊倞作注，始將之羼入書中，混而爲一。小戴禮記，輯前人論禮之文四十九篇，按鄭玄所編的三禮目錄，其中的樂記乃取別錄所著錄的樂記二十三篇中的十一篇而合爲一篇；明堂位篇則採自明堂陰陽記，月令篇則出呂氏春秋十二月紀的首章。至於各書的卷帙，稽考史志，古今頗爲懸殊。譬如管子，漢志著錄八十六篇，隋志、新唐志載十九卷，舊唐志、崇文總目作十八卷，至宋志乃作廿四卷，卽今之傳本。如晏子一書，漢志著錄凡八篇，七錄作七篇，隋唐史志作七卷，崇文總目著錄十四卷，陳振孫解題作十二卷，四庫所收分八卷，乃明代以來的通行本。如孔子家語，漢志著錄二十七卷，隋志載二十一卷，唐志、陳錄、四庫並作十卷，乃魏王肅所僞造，非漢志之舊，今傳本復有三卷、六卷、八卷、十卷的不同。如葛洪抱朴子，隋志著錄內外篇五十一卷，舊唐志作七十卷，新唐志作內篇十卷、外篇二十卷，崇文總目載內外篇各二十卷，晁志則內篇二十卷、外篇十卷，宋志、四庫則合爲七十卷與舊唐志同，近世所傳，復有八卷的別本。其他如尹文子、淮南子、法言、中論等古籍，無不卷第參差，任意增減。四部之中，篇卷的差異，自以子部爲最，而集部的出入之大，尤較子部爲甚。如晉陶淵明集，梁有五卷，隋志九卷，新唐志乃作二十卷，今傳本有六卷、八卷、十卷之異。如宋張耒的宛邱集，傳增湘說：「世傳卷數最爲參差，聚珍本題柯山集五十卷，明嘉靖本題張文潛集十三卷，鈔本題張右史集，有六十二卷者、有六十五卷者、有六十卷者，而四庫著錄，又爲七十六卷。至汪藻所編張龍閣集三十卷，周紫芝所稱譙郡先生集百卷本，今已不可得見。蓋編刻之時地不同，傳錄之源流遂異。」(藏園羣書題記續集卷四)賴有目錄，這些古書篇目的分合，卷帙的增減，皆可得而考覈。這是目錄學的第六項功用。

七、可考古書的完缺　古籍傳世久遠，不乏有缺葉脫簡的情形，所以前人有「若犍度失其夾葉，猶禮記脫錯先後」(宋高僧傳玄逸傳)的感嘆。譬如管子一書，漢志著錄八十六篇，至唐代已亡佚了幾篇，見李善注文選陸士衡樂府猛虎行。到了宋代，一共亡佚了十篇，僅存七十六篇，見郡齋讀書志，即現在的傳本。又其書尹知章注本，唐志著錄三十卷，宋崇文總目云：「今存十九卷，自列勢解篇而下十一卷亡。」又如愼子一書，漢志載四十二篇，隋唐志作十卷，宋代傳刻以來，僅存一卷五篇。而今通行本雖亦五篇，乃明人摭拾殘存，重行編次，又非宋人所見舊本。如抱朴子，原本七十卷一百十六篇，自宋以降，遞有散佚，今本卷雖亦作七十，而篇帙則缺四十有四。如宋趙與虤娛書堂詩話，四庫所收不分卷，尙是完本，今通行的讀畫齋叢書本、歷代詩話續編諸刻本皆分上下二卷。按讀書敏求記著錄原書四卷，今通行本蓋當四卷本的首二卷，刻者所獲不全，欲泯殘缺的痕迹，遂改爲上下二卷。或有原本佚傳，今本係出後人輯錄者。如清乾隆中修四庫全書，從永樂大典中輯出的書，多達三八五種。其他如清王謨、黃奭、馬國翰、湯球等人，皆以輯佚名家，或專輯一類，或擴及四部，此人所盡知者。另有如晉干寶搜神記、宋劉義慶幽明錄、唐張鷟朝野僉載、段成式酉陽雜俎續集等書，實出後人輯錄，則鮮爲人所知。也有原本已佚，今本係經前人删節者，如呂祖謙删節十七史，據書名尚可知道非全書。但如唐崔令欽教坊記、宋張唐英蜀檮杌、程大昌北邊備對、陸放翁家世舊聞，現今通行的版本，實出於元末陶宗儀所删節，並不是全書。若此之類，不稽考目錄，則傳本是否完缺輯節不可知，這是目錄學的第七項功用。

八、可考古籍的版刻源流，而識其優劣異同　自印刷術發明以後，圖書大都雕印流傳，只不過校刊者有矜愼疏陋的差別，編訂者的學識有高下的不同，所以同是刻本而有優劣之分，書的內容或異。明末人刻書喜歡任意纂改，故前人常發「明人刻書而書亡」的感嘆。就是以校刊矜審著稱如宋代者，其麻沙坊刻周易井卦脫象傳，而見譏於通人。校讎傳本的優劣異同，固然屬於校勘學，但條列縷敘則是目錄學家的事。清代乾嘉以來的藏書家所撰著的序跋題識書志，大多載其藏本的版刻時代，彼此參稽，就可考出一書的版刻源流。再如張金吾愛日精廬藏書志、陸心源儀顧堂題跋、瞿鏞鐵琴銅劍樓藏書目錄、楊紹和楹書隅錄、朱緒曾開有益齋讀書志、楊守敬日本訪書志、傅增湘藏園羣書題記、續記、莫伯驥五十萬卷樓羣書跋文等等，多能利用其豐富的收藏，兼取許多本子而勘定其優劣異同。再如張之洞的書目答問、邵章增訂四庫簡目標注多標注出各書的善本，俾讀者卽目而可知各本的優劣。這是目錄學的第八項功用。

總之，目錄學的爲用甚爲廣泛，無論是初涉門徑或研究治學，都需用藉以取資，所以清代學者王嗚盛曾說目錄學是治學中的第一緊要事。不過其收效是否豐碩，則端視學者利用的方法如何。

第四章　目錄學的淵源

後世論中國目錄學的起源，多斷始於西漢末季劉氏向歆父子的別錄與七略這兩部目錄。但是察其流者必須溯其源，假如不如此，猶如古人以爲黃河出於積石山，長江導源於岷沱二水，而不知其上流尚有更幽遠的淵源。我國的圖書，源起甚古。左傳稱楚左史倚相能讀「三墳五典八索九丘」（昭十二年），孔穎達疏引孔安國尚書序說：伏羲、神農、黃帝之書謂之三墳，少昊、顓頊、高辛、唐、虞之書謂之五典。周禮春官外史「掌三皇五帝之書」。都是說三皇五帝時代，即已有著作的書。不過上古的書並無一部流傳下來，其形制及內容無可推溯，妓姑無論。尚書多士篇云：

惟爾知惟殷先人，有册有典，殷革夏命。

是說你們商人的祖先有典册圖書記載殷革夏命。「册」字，甲骨文作𠕁形，象若干根簡牘編連起來的形狀。則是殷商時代，以簡册爲圖書，信而有徵。既以簡牘編連成册，數量若多，則排列放置，篇目先後，宜有次序，始便檢取。殷商時代的圖書除編簡爲册外，尚有甲骨文字，河南安陽殷墟出土的甲文中，在龜版尾尖的右方往往有「編幾」、「册幾」、或「絲幾」的符號，據考古學者推考應是龜版的編號，可見當時典藏放置皆有順序，而不是隨意散置的。國語魯語載：

> 宋正考父校商之名頌十二篇於周太師，以那為首。

既說是以「那」篇爲首篇，可見周太師所藏的商頌十二篇，有它一定的排次。周禮春官載：

> 外史掌四方之志，掌三皇五帝之書，掌達書名於四方。

清孫詒讓正義解釋說：

> 古書篇名，亦學者所宜知，故外史通達，布告之四方，若後世目錄之學也。

由此言之，商周之世，官府所藏的圖書，大概都已編著目錄，只是其編目的方法如何，經傳無可徵考，難以臆測。隋書經籍志云：

> 古者史官既司篇籍，蓋有目錄以為綱紀，體制湮沒，不可復知。孔子刪書，別為之序，各陳作者所由。韓毛二詩，亦皆相類。漢時劉向別錄、劉歆七略，剖析源流，各有其部，疑則古之制也。

蓋推本詩書的序，以爲是劉氏向歆父子所取法的。按書序的作者，說是孔子所撰，始於漢志。漢志六藝略小序云：

> 書之所起遠矣，至孔子篹焉。上斷於堯，下訖於秦，凡百篇而為之序，言作者意。

漢魏的經學大師馬融、鄭玄、王肅等人都相信所云孔子撰書序的說法（見尙書堯典序正義）。然而就現今所傳的伏生今文尙書二十九篇來看，其中已不乏戰國時人述古之作，當然非孔子所及見。所以宋代的吳棫、朱熹、蔡沈諸氏皆疑書序不是孔子所作。近人康有爲、崔適更認爲是劉歆僞造的。說孔子寫書序出於漢書藝文志，漢志的小序係本之劉歆七略中的輯略。如果康崔等人之說可信，則書序有如劉歆所撰的書錄，當然不是劉向所師法的。

至於詩序，韓詩亡於宋代，今僅存外傳，玆但以毛詩來論。毛詩序的作者，舊傳爲孔子。唐陸德明經典釋文引鄭氏詩譜說大序是子夏作，小序是子夏、毛公合著；吳陸璣毛詩草木鳥獸蟲魚疏及後漢書儒林傳以爲出於衞宏之手；宋鄭樵、王質、朱熹等人認爲是村野妄人所作，是詩序的作者問題，可謂聚訟紛紜。康有爲則認爲是劉歆與衞宏所合撰的。果如其說，則詩序也不是劉向所師法的。由是言之，隋志稱向歆錄略「剖析源流，各有其部」，疑爲仿詩書的序，尚未可信，不過其說却能予人以啓示。按周易十翼，其中有序卦傳一篇，元李治所撰敬齋古今黈卷一云：

歐陽公不信周易繫辭，而於序卦則未嘗置論。此蓋孔子見古之易書，其諸卦前後相連，悉已如是，因而次第之，以爲目錄云耳。初非大易之極致也，欲以爲羲文之深旨，則謬也。

清盧文弨鍾山札記卷四云：

太史公自序，卽史記之目錄也；班固之敍傳，卽漢書之目錄也。古書目錄，往往置於末，淮南之要略，法言之十三篇序，皆然。吾以爲易之序卦，非卽六十四卦之目錄歟？史漢諸序，殆昉於此。

兩人都認爲序卦爲周易一書的目錄。該篇條列六十四卦的卦名，蓋欲使讀者知曉各卦的次第，並說明其編纂的意義，正與劉向的著錄，「條其篇目，撮其旨意」之例相似。序卦、史記孔子世家謂是孔子所作，雖則未必可信，然而是一篇在先秦時代即已撰寫完成的作品，近代已成爲定說。後來的劉安淮南子要略、司馬遷史記自序、揚雄法言十三篇序都是仿此而作。劉向也應當是採用此種體例並加精詳，而撰寫各書的敍錄。雖大略而言與史記太史公自序敍述的方式比較近似（說詳蔣復璁先生撰「中國目錄的起源」一文，載珍帚齋文集），但溯其淵源，實是遠紹周易的序卦。

至於總校羣書，編成目錄，向歆亦有所本。漢志兵書略的小序云：

> 漢興，張良、韓信序次兵法，凡百八十二家，删取要用，定著三十五家。諸呂用事，而盜取之。武帝時軍政楊僕捃摭遺逸，紀奏兵錄，猶未能備。

據此，知在高祖及武帝時代，皆曾校理過兵法書，校書之事，並不始於劉向。所說楊僕紀奏兵錄，就字義而言，兵錄當是兵書的目錄。張良、韓信的序次兵法，其下云「定著」，也與劉向所撰各書的敍錄，皆云「定著爲若干篇」相似，是應當經過校讎的過程。史記太史公自序云：

> 秦撥出古文，焚滅詩書，故明堂石室，金匱玉版，圖籍散亂。於是漢興，蕭何次律令，韓信申軍法，張蒼爲章程，叔孫通定禮儀，則文學彬彬稍進，詩書往往間出矣。

前人引據這段史料，大都以韓信申軍法，與漢志兵略小序所說張良、韓信序次兵法，定著三十五家是一件事情。而且因此文上承秦焚滅詩書，圖籍散亂，因而認爲高祖時蕭何次律令、張蒼爲章程、叔孫通定禮儀，皆是整理校讎典籍，實則非是。按漢書刑法志云：

相國蕭何攈秦法，取其宜於時者，作律九章。

漢書高帝紀：「張蒼定章程」句下，顏師古注引漢如淳曰：

章、歷數之章術也；程者、權衡丈尺斗斛之平法也。

又叔孫通傳：

高帝悉去秦儀，法為簡易。羣臣飲，爭功，上患之。通說上曰：臣願頗采禮，與秦儀雜就之。上曰：可，試為之。

清姚振宗所著漢書藝文志拾補，載有叔孫通漢儀十二篇。又韓信申軍法一事，據漢志兵書略權謀類著錄有韓信三篇。由此言之，太史公自序所言「蕭何次律令……」云云，應是指編著律令、禮儀條文，制定曆法及度量衡的制度，與申明軍法。因為漢滅秦之後，一切往昔法紀儀制均廢除，蕭何等重為釐定制度，以恢復綱紀法制，實與整理校讎典籍無涉。而韓信的申明軍法，與張良、韓信序次兵法圖書，刪取重要的，定著三十五家，並非同一回事。所以班固撰漢書高帝紀雖採用了太史公自序這一段話，但在「叔孫通定禮儀」句下，增添了「陸賈造新語」五字。陸賈新語一書，大旨在勸皇帝「崇王道，黜覇術，歸本於修身用人」（四庫提要語），並可明瞭高祖時蕭何等人之制定各種制度禮儀，乃在救時之敝。由此言之，高祖時之官校書籍，可考者僅只兵書一類而已。

至於武帝時之整理書籍編目，據舊籍考之，尚不只是軍政楊僕的紀奏兵錄。按北堂書鈔卷一〇二及太平御覽卷八八同引漢武故事云：

> 上少好學，招（卽詔）求天下遺書，親自省校，使莊助、司馬相如等以類分別之。

是說武帝初年嘗有校讎羣書分類編目的情事。不過漢武故事一書的作者，舊說紛紜。隋唐諸史志不著撰人，宋崇文總目始題漢班固撰，郡齋讀書志及四庫總目考爲南齊王儉所作，淸孫詒讓札迻（卷十一）則說是晉葛洪著。其書隋志旣已著錄，卽令不是東漢的舊籍，其爲六朝時人所撰，應無疑義。所言武帝卽位之初，嘗徵求遺書，親自率同文學之臣校理編目，當有所本。考武帝喜好文學，見漢書嚴助傳。傳載武帝初，助與朱買臣、吾丘壽王、司馬相如、東方朔、枚皐等並侍左右。又武帝紀元朔元年有詔云：「朕夙興夜寐，嘉與宇內之士臻於斯路（堯舜之治世）……，選豪俊，講文學」，可以證之。他嘗於卽位的第五年——建元五年罷諸子傳記，獨立五經博士，以尊崇儒學。則他嘗詔求遺書，親自與文學之臣校讎編目，雖正史未載，宜有可能。漢書藝文志云：

> 孝武帝世，書缺簡脫，禮亂樂崩，聖上喟然而稱曰：朕甚閔焉！於是建藏書之策，置寫書之官，下及諸子傳記，皆充秘府。

按建藏書之策之詔，據武帝紀在元朔五年（卽位之第十七年），當是親自省校後，感到缺少典藏的書庫，而書籍之缺脫者，乏抄錄的官吏，故有此詔。軍政楊僕之紀奏兵錄，據漢書酷吏傳，大約正在此時。其他類書籍是否已編成目錄，則未可知。總之，彙校羣書，分類編次目錄的事，在劉氏向歆以前，卽已有從事者。只不過武帝初年校讎分類的方法與體制如何，史書未載，莫知其詳。

其次談到分類，分類是目錄學的要素之一，有書目而不分類，則未盡目錄的功用。西洋目錄學家多認爲分類是人類具有的本能，蓋人類觀察事物，在積得若干經驗後，自然有區分的知識，若說是本能，則恐未必。荀子推究「名」的起源，是由於辨異同。他所謂的「同則同之，異則異之」，即是分類的最大作用。我國分類應用的演進，始於事物，繼於學術，終於圖書。周易繫辭傳云：

古者包犧氏之王天下也，仰則觀象於天，俯則察法於地，觀鳥獸之文與地之宜，近取諸身，遠取諸物。於是始作八卦，以通神明之德，以類萬物之情。

又說「方以類聚，物以羣分」。蓋言區分事物，取其相類似的比附之。古代的學術由政府掌管，求學的要拜政府的官吏爲師。到了東周，諸侯權力增大，王室衰微，中央王官遂漸流散各地，傳授學業，於是學問變而出於私門。以致春秋戰國之世，諸子百家爭鳴，其流派千端萬緒。孔子以詩書禮樂易春秋六藝傳授弟子，可以說是圖書的分類之始。把諸子百家作學術的分類，則以莊子爲嚆矢。莊子天下篇區分百家之學爲七派：㈠鄒魯之士，㈡墨翟、禽滑釐，㈢宋鈃、尹文，㈣彭蒙、田駢、愼到，㈤關尹、老聃，㈥莊周，㈦惠施、桓團、公孫龍，並縷述各派的要旨、評隲得失。其後荀卿著非十二子篇，分百家爲㈠它囂、魏牟，㈡陳仲、史鰌，㈢墨翟、宋鈃，㈣愼到、田駢㈤惠施、鄧析，㈥子思、孟軻等六派。又特將儒家一派再區分爲子張氏之儒、子夏氏之儒、子游氏之儒等三支。而韓非子顯學篇謂「世之顯學，儒、墨也」，並說：

自孔子之死也，有子張之儒，有子思之儒，有顏氏之儒，有孟氏之儒，有漆雕氏之儒，有仲良氏之儒，有孫氏之儒，有樂正氏之儒。自墨子之死也，有相里氏之墨，有相夫氏之墨，有鄧陵氏之墨。故孔墨之後，儒分為八，墨離為三。

則不僅異中求同，分別學派，更在同中求異，而區析支流，分類愈趨愈細。漢淮南王劉安所撰的淮南子，其要略篇將先秦的學術區分爲太公、儒、墨、管子、晏子、縱橫、刑名、商鞅、雜家等九派。較莊荀所述的，少名家及小說家，而增加了雜家及縱橫家。蓋縱橫家興於戰國末期，而雜家起於秦漢之間。司馬談論六家要旨，區分學術爲陰陽、儒、墨、名、法、道德六家。較前述諸氏的分類新增了陰陽一家。劉歆七略諸子略區分的儒、道、陰陽、法、名、墨、縱橫、雜、農、小、說十家，都已見於前人的分類。

綜上所論，關於敍錄的撰著，彙集羣籍校讎編目，以及圖書作學術的分類，在向歆以前皆有脈絡可循。只不過劉氏向歆父子能採用已有的各種成法而予以融會貫通，創建一套縝密完善的目錄學體制，使後世得資遵循。

第五章　目錄學的體制

劉氏向歆父子的別錄七略，是後世編著目錄者所取法的，故評論目錄書的優劣，不能不拿錄略作爲衡量的標準。綜括錄略著作的體例，主要有三項：一曰篇目，是概括一書的本末；二曰敍錄，是考述作者的行事，與論析一書的大旨及得失；三曰小序，是敍述一家一派的學術源流。所有這幾種體制，其作用卽是章學誠所謂的：「辨章學術，考鏡源流。」後代的目錄書，無論其內容或詳或略，或損或益，大抵不出這三個範圍。自從雕版印刷術普及後，宋以來的目錄書中間有記載版本的。清乾嘉以來，版本之學興盛，各家藏書目錄的編撰，大多詳記版刻的源流，則所以考版本的源流異同。這種體例雖然屬於後起，但已爲近世研治目錄學者奉爲圭臬。以上四項體制，如有不備，則目錄的功用不全。茲分別論說於後：

甲、篇　目

篇目的體例，是條別全書，著明某篇第幾。劉向別錄雖然不傳，但他的敍錄尚有若干存在原書中，固然其中已有數種經過後人更易，未必保存原貌，姑就晏子春秋、戰國策、荀卿新書、列子等四書敍錄觀之，都是在敍錄之前先列舉篇目次第。如晏子八篇云：「內篇諫上第一凡二十五章，內篇諫下第二凡二十五章……」，其下云：「右晏子內外八篇凡二百十五章」。如戰國策云：「東周第一，西周第二、秦一第三、秦二第四……」，其下云「右定著三十三篇」，卽其例子。篇目的作用，是概括一書的本末，使讀者一覽目錄，卽了然全書的首尾，而後閱書，卽可知其殘缺與否。這項體制在漢世非常重要，欲知其故，須明瞭古代圖書的形制。

古代的典籍，是用筆墨書寫在竹或木製成的簡牘上，集若干簡，而以韋皮或絲繩編連之，名之曰一篇。因爲簡策厚重，故一篇的文字不能過多。一部書旣然分爲若干篇，必需各爲之立一名目，題於篇首，以資識別。其用意在便於查檢，有如後代的書册，在下方題寫書根的意義一樣。凡是古人自著的書，係記述一件事情，或是闡明一個道理，則以事或義來題作篇名。如尙書的堯典、舜典，春秋的隱、桓、莊、閔……十二公等，皆是以事作篇名；如莊子的逍遙遊、齊物論，墨子的兼愛、非攻，荀子的性惡、正名等等，則是以義題篇。其有非出自著，而係將言行雜記，積章成篇，出於後人編次，首尾初無一定者，則摘其首簡的二、三字作爲篇題。如莊子的秋水、馬蹄，論語的學而、爲政，孟子的梁惠王、公孫丑等篇皆是。凡以事或義來分篇的，文字的長短，作者著書時卽已固定，故雖僅數簡，亦可自爲一篇。其他則編次之時，大抵視字數的多寡，以絲繩韋皮能够勝任編連簡策爲度，斷而爲篇，如論語分爲十四篇，晏子諫篇分爲上下兩篇。及春秋末年，以帛寫書盛行，因有改篇爲卷的。

帛書一幅所能容納的字數，與簡篇約略相當，故大抵以一篇爲一卷。譬如尚書二十九篇，漢志載「大小夏侯章句二十九卷」，即是以一篇爲一卷。也有篇幅過短的，一篇不能自爲一軸，則往往將幾篇合爲一卷，例如漢志所載：「爾雅三卷，二十篇。」然而帛書過長也不便於舒卷，故偶而有將一篇分寫作幾卷的，如尚書二十九篇，漢志載歐陽經三十二卷，即是將其中的盤庚篇分作三卷，又有書序一卷，故成爲三十二卷。這一類篇卷的分合，大抵發生於漢以後。

因爲古書的篇卷自成單元，不相聯屬，則容易凌亂散佚，所以流傳的書本大多不是全書。又古書以一事或一義爲一篇，往往篇卷可以單行。如漢武帝末年河內女子進獻尚書泰誓一篇（按見論衡正說篇，唯作宣帝時，據近人考證實誤），東漢光武帝將史記的五宗世家、外戚世家、及魏其侯列傳等三卷賜與竇融（後漢書竇融傳），又明帝賜給王景河渠書一卷（後漢書循吏傳），即其例子。既然篇卷可以單行，所以同一書各家所收藏的篇卷往往多寡不一。劉向校書除了勘定文字的異同外，主要的目的是確定書的形質，把內廷及官府或私人所藏篇卷多寡不一的本子，集聚一處來校勘，刪除其中重複的篇卷，所餘下不重出的篇數，就是這部書的定本，如管子書錄云：

> 所校讎中管子書三百八十九篇，大中大夫卜圭書二十七篇，臣富參書四十一篇，射聲校尉立書十一篇，太史書九十六篇，凡中外書五百六十四篇以校，除複重四百八十四篇，（按此數誤，應爲四百七十八篇）定著八十六篇。

又如晏子敍錄云：

所校中書晏子十一篇，臣向謹與長社尉臣參校讎太史書五篇，臣向書一篇，參書十三篇，凡中外三十篇，為八百三十八章。除複重二十二篇，六百三十八章（按應作六百二十三章），定著八篇，二百一十五章。

劉向校書的過程，就今存的敍錄來看，大都類此，經過整理校讎而刪除重複後，定著爲若干篇。所以一定要將所定著的篇目條列在敍錄之前，以顯見此新定的本子與各家的藏本不同，而且可以固定這部書的形質，以防散佚與錯亂。這種體制能使後人檢覈古書的完缺與否，也可供人考逸篇的崖略，用意頗善。不過後世的目錄書仿效的甚少，僅四庫全書總目於各書間有著明篇目的，如傅子、公孫龍子等提要。揆度其緣因，蓋西漢以前，雖說是竹帛並用，然帛貴而竹賤，所以當時的圖書大多用簡策來書寫，只要看漢書藝文志著錄的書，篇多於卷，就可知道了。圖書既然多用簡策寫，則容易凌亂錯脫損失，所以校讎的工作，必以釐定篇目爲首要。自東漢和帝元興元年（西元一〇五年）蔡倫發明用樹皮、破布等廉價原料造紙的方法以後，圖書多用紙卷來書寫，唐宋以來，書式復由卷軸演進成書册，均易藏易檢。故魏晉以後職司校讎者，以勘定文字爲主要任務。而且後世的書，卷帙越來越多，編撰者大都紹述司馬遷史記自序、班固漢書敍傳的餘緒，仿效劉向敍錄的成法，在書首列有篇卷目次，以概括全書，這種目次多的自數卷以至數十卷。若果撰述敍錄一一條舉篇目，除了徒增篇幅，令讀者生厭以外，實無甚意義。近代研治目錄學的學者還有喟嘆篇目體制的失墜，竟欲起廢於千載之下，實在昧於事理，未免失之泥古不化。

篇目的功用既在概括全書的始末，如果因篇目繁多，删削不載，則又使後世的人無從考覈存佚。關於這點，四庫總目建立了一個很好的範例。四庫提要斟酌劉向的成法，於諸書大多著明其卷目。如長短經九卷提要，云：

第一卷八篇，題曰「文上」。第三卷四篇，題曰「文下」。第二卷四篇，則有子目而無總題，以例推之，當脫「文中」二字。第四卷一篇，題曰「霸紀上」，第五卷一篇，論七雄之事，題曰「霸紀中」。第六卷一篇，論三國之事，亦無總題，以例推之，當脫「霸紀下」三字。第七卷二篇，題曰「權議」。第八卷十九篇，題曰「雜說」。第九卷二十四篇，題曰「兵權」。

又如王文成公全書三十八卷的提要，云：

是書首編語錄三卷，為傳習錄，附以朱子晚年定論……次文錄五卷，皆雜文。別錄十卷，為奏疏公移之類。外集七卷，為詩及雜文。續編六卷，則文錄所遺，搜輯續刊者，皆守仁歿後，德洪所編次。後刊者附以年譜五卷，世德紀二卷。

這一種的敍述方式，於卷幅無所增，雖未列篇目，而對於一書的始末仍可顯見，後世卽令有亡篇佚卷，猶可據以檢覈，於例最爲得之，是編著目錄者所應當師法的。

乙、敍　錄

敍錄體例的要點，是考述作者的行事，與論析一書的大旨及其得失。漢志大序云：「每一書已，向輒條其篇目，撮其旨意，錄而奏之」。廣弘明集卷三阮孝緒七錄序云：「昔劉向校書，輒爲一錄，論其指歸，辨其訛謬。」所謂的「撮其旨意」，是概論作者著書的宗旨及書的大意。所謂的「論其指歸，辨其訛謬」，乃論析作者的學術淵源及評論書的優劣得失。欲明瞭作者著書的宗旨，必須先要明瞭他的生平。生平既明，則他的學術淵源及著書的原委，也就可以清楚了。劉向撰寫敍錄，所立下的義例有三項：一曰介紹著者的生平。如晏子敍錄云：

晏子名嬰，謚平仲，萊人。萊者，今東萊地也。晏子博聞彊記，通於古今。事齊靈公、莊公、景公，以節儉力行，盡忠極諫，道齊國君得以正行，百姓得以親附。不用，則退耕于野；用，則必不詘義，不可脅以邪。白刃雖交胸，終不受崔杼之劫。諫齊君，懸而至，順而刻。及使諸侯，莫能詘其辭，其博通如此，蓋次管仲。內能親親，外能厚賢，居相國之位，受萬鍾之祿，故親戚待其祿而衣食五百餘家，處士待而舉火者亦甚衆。晏子衣苴布之衣，麋鹿之裘，駕敝車疲馬，盡以祿給親戚朋友，齊人以此重之。

綜敍作者的生平出處進退，言簡而意賅。又如韓子敍錄云：

韓非者，韓之諸公子也。喜刑名法術之學，而歸其本於黃老。其爲人口吃，不能道說，善著書。與李斯俱事荀卿，李斯自以爲不如。

又列子敍錄云：

列子者，鄭人也，與鄭繆公同時，蓋有道者也。其學本於黃帝老子，號曰道家。道家者，秉要執本，清虛無爲。及其治身接物，務崇不競，合於六經。

並敍述作者的學術淵源及其師承。其他如孫卿敍錄、管子敍錄等，介紹作者的生平，尤爲詳盡。劉向的其餘各書敍錄雖然多已亡佚，僅就淸嚴可均、姚振宗諸氏所輯的佚文觀之，很多都是介紹著者的文字，可以說是無書而不述其作者。至於不知其作者爲誰，也考出其著書的時代。例如道家鄭長者一篇，別錄云：「鄭人，不知姓名，六國時。」禮類王史氏二十一篇，陰陽家南公三十一篇、周伯十一篇，並云：「六國時人也」。卽有作者的時代不可考者，也予以註明，如農家的宰氏、尹都尉、趙氏、王氏等都注云：「不知何世」。不强以不知爲知，蓋如此可以免得學者再花費時間來作考證。

第二個義例爲說明著書的原委，及書的大旨。如孫卿敍錄云：

孫卿卒不用于世，老於蘭陵，疾濁世之政，亡國亂君相屬，不遂大道，而營乎巫祝，信機祥。鄙儒小拘，如莊周等又滑稽亂俗。于是推儒墨道德之行事興壞序列，著數萬言。

又如韓子敍錄云：

韓非病治國不務求人任賢，反擧浮淫之蠹而加之功實之上。以爲儒者用文亂法，而俠者以武犯禁。寬則寵名譽之人，急則用介胄之士。所用非所養，所養非所用，廉直不容于邪枉之臣，觀往者得失之變，故作孤憤、五蠹、內外儲、說難五十五篇，十餘萬言。

此皆說明作者何以著此書而其書的主旨亦可以見。又如易傳古五子敍錄：「分六十四卦，著之日辰，自甲子至於壬子，凡五子，故號曰五子」。周書敍錄：「周時誥誓號令也，蓋孔子所論百篇之餘也。」

世本敍錄：「古史官明於古事者之所記也。錄黃帝已來帝王諸侯及卿大夫系謚名號，凡十五篇。」這些都是概述一書的內容。

第三項義例是評論書的得失。如戰國策敍錄：「皆高才秀士度時君之所能行，出奇策異智，轉危爲安，運亡爲存，亦可喜，皆可觀。」管子敍錄：「凡管子書務富國安民，道約言要，可以曉，合經義」。晏子敍錄：「其書六篇，皆忠諫其君，文章可觀，義理可法，皆合六經之義。又有復重，文辭頗異，不敢遺失，復列爲一篇。又有頗不合經術，似非晏子言，疑後世辯士所爲者，故亦不敢失，復以爲一篇，凡八篇。其六篇可常置旁御觀。」周訓敍錄：「人間小書，其言俗薄」之類皆是，對於書的優劣得失皆予以評述。

劉向敍錄，是後世撰著目錄者所師法的，然而能與劉向所立的義例完全相合的實甚罕見。隋書經籍志總序對魏晉六朝的幾部有敍錄的目錄批評說：荀勗中經新簿「但錄題及言，盛以縹囊，書用緗素，至於作者之意，無所論辯。」是說這目錄但重在抄錄書題及內容，並着意裝飾，而不能論述作者著書的原委。其評王儉的七志說：「然亦不述作者之意，但於書名之下，每立一傳。」論阮孝緒的七錄說：「其分部題目，頗有次序。剖析辭義，淺薄不經。」對於這幾部目錄的不滿，溢於言表。因爲敍錄撰著的目的，是在使讀者在未讀其書之先，能對其書作者的生平、著書的目的等等有所知悉，幫助他們讀其書時可以有進一步的了解。所以敍錄的義例不僅止於介紹作者的生平，還須闡明著書的原委及書的內容。然而後世的目錄學家大都昧於這種道理，淸章學誠校讎通義漢志六藝篇云：

藝文雖始於班固，而司馬遷之列傳，實討論之。觀其敍述戰國、秦、漢之間著書諸人之列傳，未嘗不於學術淵源，文詞流別，反復而論次焉。劉向、劉歆蓋知其意矣。故其校書諸敍論，旣審定其篇次，又推論其生平，以書而言，謂之敍錄可也。以人而言，謂之列傳可也。

也是紹述王儉七志的觀點，把敍錄的體制，視同列傳。實則敍錄與列傳撰述的重點是不相同的。章氏但執其一偏，而昧於劉向敍錄義例的整體。

唐以前的目錄現今雖不傳，但根據記載尙可以知道隋許善心所撰的七林，還能闡明作者著書的意旨。隋書卷五十八許善心傳：

(開皇)十七年除秘書監。于時秘藏圖籍，尚多淆亂，善心放阮孝緒七錄，更製七林，各為總敍，冠於篇首。又於部錄之下，明作者之意，區分其類例焉。

許氏的七林，隋唐史志都未著錄，不詳它的體例及區類如何。不過僅就隋書本傳所載，雖說規撫阮氏七錄。其敍錄還能發明作者著書的原委，通達劉向的義例，實超過六朝王阮諸氏。後代的解題提要的撰著，淵源雖出於別錄，然而許善心的七林，也不能說他沒有承先啓後之功。唐代元行冲等所修的羣書四部錄二百卷，此書久佚，其敍錄撰寫的優劣，無從詳悉。不過據舊唐志總序所載毋煚古今書錄序對此目的批評有云：「新集記貞觀之前，永徽已來不取；近書採長安之上，神龍已來未錄。此則理有未宏。」「書閱不徧，事復未周，或未詳名氏，或未知部伍。此則體有未通。」知道這部目錄大抵依據隋代的舊目錄，新增的書撰寫敍錄的，只有唐初太宗貞觀以前的著作、高宗以後的則無，而中宗以後的新著且不入目，故毋煚批評說「理有未宏」。按新唐志載開元七年，詔公卿士庶之家，所有異書，官借繕寫。到九年十一月羣書四部錄二百卷修成奏上，前後不過二年多，而完成此著錄八萬二千多卷的目錄巨著。大概敍錄多依據六朝的舊目錄，新撰的殆僅隋及初唐人的著作，才能於短期內修成，所以考證多疏，或有於作者姓名不詳的。未幾毋煚因此目多疏舛，乃刪略增補，撰成古今書錄四十卷，書名下也有敍錄論釋。據他自云：「改舊傳之失者，三百餘條。」永徽以後的新著，也「釋而附之」。但此目南宋以來不傳，其敍錄的優劣，也未見前人評論，不知道是否合於劉向的義例。宋代以降的敍錄之作，能紹述別錄的，祇有清乾隆間所修的四庫全書總目提要。其他如宋代的崇文總目、晁氏郡齋讀書志、陳氏直齋書錄解題、明高儒的百川書志等，大多僅撮述各書的大旨，而對於著者的生平，及書的得失，但偶爾述及之，也不能詳明，爲例已不純。四庫總目雖說是一部相當詳贍的目錄，但其提要對於作者僅載爵里始末，而對於其立身行己，則罕加敍述，已經稍變別錄的義例。而且提要述作者爵里，大多止參考常見史傳一類的書，或依據本書中所有的來記載，不能旁搜博採，所以提要中常見：「始未未詳，仕履無考」的話。民國初年所編的續修四庫全書提要，是頗能繼軌四庫總目，且有若干篇詳贍過之。不過此新出版的續修四庫提要，係雜出衆手，妍媸互見，未能斠一，還不能視作定本。目錄書編撰的目的，是指引讀者如何治學涉徑，節省他們盲目探討的勞費，而收事半功倍之效。假若編寫敍錄而畏繁難，當考而不考，則就無貴乎其爲目錄書了。近世題跋的書，如陸心源儀顧堂題跋、續跋，傅增湘藏園羣書題記、續記，莫伯驥五十萬卷樓羣書跋文等書中，介紹作者的生平，大多博採雜史、方志、文集、說部諸書，能詳以前目錄所未詳的。固然這些題跋書以詳記版本為主，並不完全符合敍錄的體裁，然其博徵繁引，考作者的行事，實在是撰寫敍錄提要的人，所應當取法的。

丙、小序

小序的作用，是條別學術的源流與得失。劉歆繼續其父未竟的工作，校讎內府的圖書，將整理竣事的各書，移貯天祿閣上，部次類分，編成我國第一部目錄書——七略。他把當時的藏書區為六藝、諸子、詩賦、兵書、術數、方技等六個大類，其下再細分為三十八個小類。又敍述各家各派學術的淵源流變及利弊，合為一篇，放置目錄之前，謂之輯略，作為發凡起例。班固著漢書，依據七略，抝要刪取，編為藝文志，因此將輯略一篇文字，解散分載於各類書目之後，作為小序；每一略各小類書目載完後，復有撮述這一略的總序。在藝文志之首並有大序一篇，為全書的綱領，這些敍述學術流變的序文，尤足以表見其類學術的淵源。玆酌列舉六藝略的易、書，及諸子略的儒、法等四類的小序，來說明小序撰著的體例。

易類小序：易曰「宓羲氏仰觀象於天，俯觀法於地，觀鳥獸之文與地之宜，近取諸身，遠取諸物，於是始作八卦，以通神明之德，以類萬物之情」。至於殷周之際，紂在上位，逆天暴物。文王以諸侯順命而行道，天人之占，可得而效；於是重易六爻，作上下篇。孔子為之彖、象、繫辭、文言、序卦之屬十篇。故曰易道深矣，人更三聖，世歷三古。及秦燔書，而易為卜筮之事，傳者不絕。漢興，田何傳之。訖於宣元，有施、孟、梁丘、京氏列於學官，而民間有費、高二家之說。劉向以中古文易經校施、孟、梁丘經，或脫去无咎、悔、亡，唯費氏經與古文同。

書類小序：易曰「河出圖，雒出書，聖人則之」。故書之所起遠矣。至孔子纂焉，上斷於堯，下訖於秦，凡百篇而為之序，言其作意。秦燔書禁學，濟南伏生獨壁藏之。漢興，亡失，求得二十九篇，以教齊魯之間。訖孝宣世，有歐陽、大小夏侯氏，立於學官。古文尚書者，出孔子壁中。武帝末，魯恭王壞孔子宅，欲以廣其宮，而得古文尚書及禮記論語孝經凡數十篇，皆古字也。共王往入其宅，聞鼓琴瑟鐘磬之音，於是懼，乃止不壞。孔安國者，孔子後也。悉得其書，以考二十九篇，得多十六篇，安國獻之。遭巫蠱事，未列于學官。劉向以中古文校歐陽、大小夏侯三家經文，酒誥脫簡一，召誥脫簡二。率簡二十五字者，脫亦二十五字；簡二十二字者，脫亦二十二字。文字異者七百有餘，脫字數十。書者，古之號令。號令於眾，其言不立具，則聽受施行者弗曉。古文讀應爾雅，故解古今語而可知也。

儒家類小序：儒家者流，蓋出於司徒之官，助人君順陰陽，明教化者也。游文於六經之中，留意於仁義之際，祖述堯舜，憲章文武，宗師仲尼，以重其言，於道為最高。孔子曰：「如有所譽，其有所試」。唐虞之隆，殷周之盛，仲尼之業，已試之效者也。然惑者既失精微，而辟者又隨時抑揚，違離道本，苟以譁衆取寵。後進循之，是以五經乖析，儒學寖衰，此辟儒之患也。

法家類小序：法家者流，蓋出於理官。信賞必罰，以輔禮制。易曰「先王以明罰飭法」，此其所長也。及刻者爲之，則無教化，去仁愛，專任刑法，而欲以致治，至於殘害至親，傷恩薄厚。

漢志六藝略的各小序，也就是七略輯略的文字，大都是首溯各經的起源及與孔子的關係，其次敍述傳授的源流與衍分的派別，再次敍古文經的來歷，及其與今文經的異同，使人讀後即可以淸楚這門學術的流變。而於諸子略各家，除了追溯其學的淵源外，並敍述其學的主旨，並評隲其得失。其他各略的小序，亦大多類此。每略之後的總序，則撮述各類而予以總論之，以挈綱領。漢志小序所述，據後人的考訂，固然其中不無可議之處，如魯共王壞孔子宅，按論衡在景帝末年，而譌作武帝時；如言孔子作易十翼，删詩書等等，皆未必事實。然而能以極簡扼的文字，敍述其學的淵源流變，非深通於其門學術，而能辨識其得失之故，則不足與此。目錄書的撰述，敍錄固非易易，而小序尤難。章學誠校讎通義敍云：

非深明於道術精微羣言得失之故者，不足與此。後世部次甲乙，紀錄經史者，代有其人。而求其能推闡大義，條別學術異同，使人由委溯源，以想見於墳籍之初者，千百之中，不十一焉。

即是指的小序而言。

自漢書藝文志以降，歷朝的官私目錄，於每類皆撰有小序者，各代偶或有之。而求其小序能辨章學術，考鏡源流者，實不多見。有小序或部類總序的目錄，除漢志而外，今存者有隋書經籍志、宋崇文總目、晁氏郡齋讀書志、陳氏直齋書錄解題，明焦氏國史經籍志，及清四庫全書總目六家。已佚傳而尙可考知的目錄，則有宋王儉七志，阮孝緖七錄，隋許善心七林、唐元行冲等羣書四部錄、毋煚古今書錄、宋三朝藝文志、兩朝藝文志、中興藝文志、中興館閣書目等九種。王儉作七志，隋志稱儉「又作九篇條例，編乎首卷之中、文義淺近，未爲典則。」已是批評其未善。復按七錄序，謂七志係做別錄七略的體例，則其置在卷首的九篇條例，有若七略的輯略。然考七錄序又云：

王儉七志，卽六藝為經典，次諸子，次詩賦為文翰，次兵書為軍書，次數術為陰陽，次方技為術藝。以向歆雖云七略，實有六條，故別立圖譜一志，以全七限。其外又條七略及兩漢藝文志、中經簿所闕之書，並方外之經：佛經、道經，各為一錄，雖繼七志後，而不在其數。

據此則知七志雖以七爲名，實合佛道而分爲九大類，由此推知其卷首的九篇條例，應當是每類各撰總序一篇，九類的總序合成一編者，與漢志的小序尙略有不同，後來晁公武作郡齋讀書志，僅四部各撰一總序，大概淵源於此。或有以爲九篇條例卽同漢志的小序，實則非是。阮氏的七錄有無小序，他的自序中未明言，只說斟酌王劉。按隋書許善心傳云：

善心放阮孝緒七錄，更制七林，各為總敘，冠於篇首。又於部錄之下，明作者之意，區別其類例焉。

近人或有解釋此處的「類例」卽是指的小序，然細玩味這段文字，前面旣云各爲總敍，冠於篇首，部錄之下，不應再有小序，古代目錄書中尙無如此體例者。故「類例」一辭，仍當如鄭樵校讎略編次必謹類例論篇所云，係指的圖書分類。七林倣自七錄，七錄倣自七志，仍與劉歆輯略，漢志小序不同，只有總序，而無小序。隋志旣批評七錄：「劃析辭義，淺薄不經」，則此總敍也寫得不一定佳。許氏的七林，隋唐史志皆未著錄，大概是成事未久，旋卽亡佚，不詳其總敍的義例善否。唐元行冲羣書四部錄凡二百卷，係開元中元氏與毋煚等奏進者，據舊唐書經籍志引毋煚的四部都錄（卽古今書錄）序云：

> 曩之所修（卽指羣書四部錄）……所用書序，咸取魏文貞；所分書類，皆據隋經籍志。理有未允，體有不通，此則事實未安。

由此可以知道羣書四部錄的小序，全採魏徵所修的隋書經籍志。然魏徵所撰，敍述止於隋代，元氏等所修時在開元，相去百餘年，而全取舊序，所以毋氏批評說：「理有未允」，「事實未安」。古今書錄四十卷，係毋氏等删節增補重訂羣書四部錄而成，舊唐志序曰：「煚等選集，依班固藝文志體例，諸書隨部皆有小序，發明其指。」玉海卷五二藝文門載此目錄也說：「並有小序，詞簡事具。」評語尙佳，則是這部目錄的小序尙能步武漢隋二志。後來劉昫修舊唐書時，其經籍志雖全採古今書錄，而以小序「卷軸繁多」，「序敍無出前修」，給全删去了，實在是件很可惜的事。新唐書及宋明諸史志，也不撰小序，蓋皆舊唐志之始作俑。宋代幾次所修的國史多有藝文志，如三朝藝文志、兩朝藝文志、中興藝文志等書雖不傳，其小序於馬端臨文獻通考經籍考中所引錄的，尚略可窺見。經籍考引三朝藝文志的孝經、小學、起居注、雜史、傳記、故事、農家、天文、神仙、釋氏、文史等十一類的小序；引兩朝藝文志的傳記、天文、別集三類的小序；引中興藝文志的時令、文史兩類的小序。從所引的各篇小序來看，皆敍述簡略，尚不足以明學術的流變。中興館閣書目，據玉海卷五二所載，爲淳熙五年陳騤等奏上，凡七十卷，又有序例一卷，計五十五條。按此目係分四部五十二類，序例五十五條當是小序及總敍，惟尚短少一條，或玉海所記的門類數字有誤。其目不傳，無從考案，亦不詳小序撰述的義例如何。宋崇文總目，按玉海引國史志云：「六十六卷，序錄一卷，多所謬誤。」序錄即倣輯略而作。六十六卷的原本及序錄現今雖然不傳，但據清錢東垣、秦鑑等人合輯本所得的小序三十篇觀之，皆尚空談而少實證，實在無足輕重，所以宋國史志批評它「多所謬誤」。晁氏讀書志、陳氏書錄解題這兩部目錄，近世雖然號稱爲比較好的目錄書，而晁氏但能爲四部各作一篇總序，至於各類則無所論說，不過其總敍雖然簡略，於學術的流變得失，還略能涉及。陳氏解題，則無總序，而間有小序，見語孟、起居注、時令、農家、陰陽家、音樂、詩集、章奏等八類。惟書錄解題原本早佚，今通行的廿二卷本是四庫館臣從永樂大典輯出重編的。提要雖說「永樂大典尚載其完帙」，又說「當時編輯潦草，譌脫宏多」。則原本是否每類皆有小序，或不止此八篇，已無可考。姑就傳本的小序來看，也僅是解說門類分合的緣由，未能條別學術的源流。焦竑的國史經籍志每類後各有小序，共四十八篇，而無總敍。其小序大抵說明他著錄的旨意及分隸之故，雖也偶能敍及學術淵源兼評論得失，但尚不能通其流變。清章實齋曾批評他：「未悉古今學術源流，不於離合異同之間，深求其故，而觀其所議，乃是僅求甲乙部次。」（校讎通義卷二焦竑誤校漢志篇）雖然這是章氏針對焦竑國史經籍志後所附糾繆一卷的評話，但也正可適用來評他的小序。今世所存目錄書中的小序勉强可以繼軌七略漢志的，也僅有隋書經籍志及四庫全書總目而已。所以章氏謂「千百之中，不十一焉」。

隋書經籍志前有大序一篇，敍述歷代典籍的源流甚詳，足以上繼漢志之闕。其述漢魏六朝目錄書的體例，與阮孝緒七錄序互有詳略，皆可供我們稽考隋代以前的目錄。其經子兩部的小序，皆依仿漢志，凡所論溯淵源，不出劉、班的範圍，及其補敍源流，又每每失考，故四庫隋書提要極爲譏抑，云：

> 惟經籍志編次無法，述經學源流，每多舛誤。如以尚書二十八篇為伏生口傳，而不知伏生自有書教齊魯間。以詩序為衛宏所潤益，而不知傳自毛亨。以小戴禮記有月令、明堂位、樂記三篇為馬融所增益，而不知劉向別錄禮記已載此三篇，在十志中為最下。

雖然隋志經子兩部的小序不乏舛誤之處，其實少許的錯誤在漢志及四庫總目也不能避免，因爲研究總是進步的。但隋志小序對學術的流變得失條析得相當簡明扼要，使人讀後對其類學術的興衰情形有概括的認識，可指導學者進而研究。比較來說，比四庫總目的小序敍述還要得法得多。所以四庫提要雖批評隋書經籍志在十志中爲最下，但其下又云：「然後漢以後之藝文，惟藉是以考見源流，辨別眞僞，亦不以小疵爲病矣。」於禮類附錄夏小正戴氏傳提要中亦云：「隋志根據七錄，最爲精核。」可見四庫館臣對隋志仍多所推重。

隋志的經子兩部小序，尚可說大體依仿漢志而補敍源流。其史、集兩部，則是漢志所無的，隋志也能辨章學術，窮源竟委。如序古史而推本於竹書紀年，序起居注而推本於穆天子傳，序舊事溯源於周官太史掌萬民的約契與質劑，序職官知即周官御史所掌在位的名數，序譜系溯源於周官小史所掌定繫世，辨昭穆。至於雜傳序言史傳應當紀窮居側陋之士，足以辨正後世或謂地理書不宜記人物的非是；簿錄序言應當辨流別，亦足以糾目錄書但記書名之失，皆獨具卓識。道佛兩部則僅有總序，而無小序。此六部的總敍對其門學術的源流，也皆能作提綱挈領的概敍。隋志小序實爲漢志以後所僅見，固不宜因偶有疏略，而輕肆譏評。

四庫全書總目卷首凡例云：

四部之首各冠以總序，撮述其源流正變，以挈綱領。四十三(按三應作四)類之首亦各冠以小序，詳述其分併改隸，以析條目。如其義有未盡，例有未該，則或於子目之末，或於本條之下，附注案語，以明通變之由。

我國古代的目錄書，其敍述學術源流正變的文字，原輯爲一卷，置於目錄之前，或名輯略，或名條例，或稱作序例。自漢志採輯略，將總序、小序放置於部類之末，成爲定例，隋書經籍志、國史經籍志等皆沿此式。這種體例，源來甚古，古書中如淮南子的要略訓，史記的太史公自序，法言的十三篇序，班固的漢書敍傳等莫不如此，將發凡起例撮抄的文字，置於書末。把小序放置於部類之前，不知起於何時，就可考見者，則有晁氏讀書志的四部總序，及陳氏解題的八篇小序。陳氏解題因傳本係出輯本，尚未可確定原書是否卽如此。四庫總目大概是因襲晁志，將總序、小序放置部類之前，可謂已變改舊例。四庫總目的總序、小序，考證論辨，可以說是相當的精詳，初學者莫不奉爲津逮。四部序中大抵以經部爲最精，於學術流別興衰能說明其所以然，對漢宋門戶的分析亦詳。其次集部，於別集之特盛與總集的雜濫，也能道出其故。其餘二部，則如其凡例所言，多敍其著錄與分隸門類的義例，於學術的流變及古人著作的旨意發明較少。又往往不考本末，率爾立論，例如地理類小序云：

> 古之地志，方域山川風俗物產而已，其書今不可見。然禹貢、周禮職方氏，其大較矣。元和郡縣志頗涉古蹟，蓋用山海經例。太平寰宇記增以人物，又偶及藝文，於是為州縣志書之濫觴。

按地志記載人物，晉摯虞所撰的畿服經卽已有此例，隋志地理類小序明言之，實不自樂史太平寰宇記始，近人余嘉錫在四庫提要辨證卷七太平寰宇記提要辨證中考辨甚詳。至於地志中載古迹，自漢晉以來幾乎成爲定例，譬如今傳世的三輔黃圖及輯本晉周處陽羨風土記等，均有古迹一門。元和郡縣志之頗涉古迹，實可謂淵源有自，也不一定用山海經例。又如「目錄」一辭，始見於班固的漢書敍傳，而四庫總目目錄類小序謂昉於東漢末年鄭玄撰三禮目錄。以上等等都是四庫小序失考的地方。再者，他論析學術的源流，大都依據現存的書來立說，比起漢隋二志來，精到還有不足。但大體而論，能條列百家的優劣，進退古今的作者，隋志以後實僅見於這部目錄的小序。

敍錄的體制，自別錄七略，以及古人所作的書序，大抵相同。在結構及行文方面，皆有一定的法度。而小序的撰述，則漢志各篇已自不侔，故未可立爲成例，來繩後來的作者，所以隋志、四庫總目等論敍各異。余嘉錫氏嘗引章學誠的話來論二者的差別，云：

> 章氏之論文史也，以為「撰述欲其圓而神，記注欲其方以智。」（文史通義書敎下）持此以衡目錄，則敍錄者記注之事，小序者撰述之事也。夫圓則無方，神則無體，惡可於字句之間求之？（見余著目錄學發微頁五九）

這是相當恰當的譬說。易繫辭云：「智以藏往，神以知來。」敍錄重在介紹作者生平及書的大旨與得失，皆就已有的來考述，故云藏往。而小序則溯學術源流演變之迹，可以測見未來的趨向，故謂之知來。雖然小序沒有一定的體式以資遵循，但只要通曉學術流變得失的原由，因事行文，文成則自然法立了。

丁、版本題識序跋

以上所敍述的，是就歷代的目錄書，上起別錄七略，下迄清修的四庫全書總目，相互參稽，討論其體制的功用與優劣，以說明目錄書的義例。但自宋代以後，目錄書中尙有記載版本，抄錄序跋的，對於正統的目錄學而言，雖可說屬於別體，然而這種晚起的體制，用意頗善。蓋書因版本的不同，內容或可能有差異，其道理在「目錄學的意義」一章中已論說過，故近世的目錄書罕有不明確記載版本的源流種別，也是現代研究目錄學者所不可不知。記版本的目錄書，就其體例的不同而言，大別可分爲三類，一曰僅只著明版刻，二曰詳載賞鑑考訂，三曰引錄刻書的序跋。玆分別予以論敍。

什麼叫做「版本」？「版本」是一個代表兩種意義的連合名辭。「版」是雕版，「本」是指的書本。「版」本來是中國古代圖書形制的一種，又名作「方」，用木做成，形狀爲長方形。儀禮旣夕禮云：「知死者贈，知生者賻。書賵於方，若九若七若五」。鄭玄注：「書賵奠賻贈之人名與其物於版，若九行，若七行，若五行。」又聘禮云：「百名以上書於策，不及百名書於方。」從而可以想見古代方版的形制，每片可書寫五至九行，約容納一百字。百字以上書於策者，因簡策可以任意編集，故字數不受限制。唐代發明雕版印刷術後，刻書的版與古代的方版相似，故借用其辭以專指雕版。「本」字，說文解字說：「木下曰本，從丁」，有本根的意義。別錄云：「讎者，一人持本，一人讀書」，劉向校書，盡取中外所藏的各種本子勘對。顏氏家訓書證篇中常引江南書本，以示與江北書本有所差別。皆說明各書本的本根有所不同。故古代官校書籍，必須博采許多的本子來校讎。自印刷術普及後，印刷代替了手抄，一種書刻成，往往印刷千百部，則版同而本子也無區別，是故校勘者，須選用不同的版刻，而同版的印本，則毋庸采取了。例如明南監本漢書列載北宋時宋祁校勘，採用有古本、唐本、淳化、景德、景祐歷朝監刻，以及各地公私刊刻等十六種不同的版本。故後世的書目必需記明版本，始能達到目錄的功用。古代的公私書目，初不著錄所藏的係什麼本子。書目之記明版本，就現今所傳的來看，始於南宋初葉尤袤的遂初堂書目。尤目不載卷數與作者，然而偶記版本。書林淸話卷一古今藏書家紀版本篇云：

> 古人私家藏書必自撰目錄，今世所傳宋晁公武郡齋讀書志、陳振孫直齋書錄解題，無所謂異本重本也。自鏤版興，於是兼言版本，其例創於宋尤袤遂初堂書目。目中所錄，一書多至數本，有成都石經本、秘閣本、舊監本、京本、江西本、吉州本、杭本、舊杭本、嚴州本、越州本、湖北本、川本、川大字本、川小字本、高麗本。此類書以正經正史為多，大約皆州郡公使庫本也。

自尤氏以後，編書目能仿用其例的尚甚罕見，在明代唯有嘉靖間晁瑮編寶文堂書目，於書名下偶有註明所藏的是什麼刻本。明末以來，藏書家特重宋元版，故清初的書目於所藏的宋元本始予以標注，如汲古閣宋元版書目、絳雲樓書目、季滄葦藏書目等是。而錢曾的述古堂書目除記明宋元版外，於抄本書也加以著明。一直到嘉慶間秦恩復編其藏書爲石研齋書目，才推廣尤氏遂初目的陳法，始備注明所藏各書的版本。顧廣圻作書目序云：

> 今先生此目，創為一格，以入錄之本，詳注於下。既使讀者於開卷間，目憭心通而據以考信，遂不啻燭照數計。於是知先生深究錄略，得其變通，隨事立例，惟精惟當也。特拈出之，書於後，為將來撰目錄之楷範焉。(思適齋文集卷十二)

嘉慶以後，藏書家所編的書目大都注明版本，實爲一進步。惟各家書目所記的版本，多僅注明爲宋爲元爲明，稍詳者亦不過標舉元號，如「明嘉靖刻本」、「明萬曆刻本」、「清康熙刻本」等，若求如遂初堂目一樣，能載明刻地的，可以說甚罕。然而兩宋歷祚三百餘年，元朝歷史雖短，也有九十餘年，明代則有二百餘年。一種書的刊版，每一代不僅只一次，雕印出版者也不僅止一人，也不只一處地方，如統曰宋刻、元刻，則這家書目的宋元本，與另一家書目的宋元本，是否同一版刻，如不見其書，則無人敢予斷言。卽以標擧元號，題「明嘉靖刻本」等而言，一朝年限雖短，然亦無法確定所藏究爲何本。例如史記一書，明嘉靖四年至十三年凡十年中，其刊印可考者不下四次。有四年金臺汪諒、四至六年震澤王延喆、八至九年南京國子監、十三年秦藩等四家刻本。若但題嘉靖刻本，則此目所收的，未必就是另一書目著錄的藏本。自從西洋的圖書目錄學輸入我國後，對於圖書編目必須著明出版的年代、地域及出版者，影響於我國舊籍的編目頗大，近代的書目如江蘇國學圖書館書目、吳興劉氏嘉業堂明版書目、國立中央圖書館及其他圖書館的善本書目等尙多能儘詳的著錄。不過近年影印古籍出版的很多，一般圖書館編目只著明現代出版的年代與地域，而未能把據以影印的原本刻印的年代與出版者標擧出來，也一樣的未能盡目錄之用。所以這種義例，仍有待吾輩研治目錄學者來推而廣之。

我國雕版印書，肇始於唐代，迄宋而大盛。然而一直到明正德年間以前，還未聽說有特別珍視宋版者。自明代中葉以後，覆刻宋版的風氣甚盛，藏書家開始寶重宋刻。最膾炙人口傳爲士林佳話的，如嘉靖年間華亭朱大韶用所寵愛的美婢向人交換一部宋版後漢紀，萬曆時蘇州的王世貞賣了一座田莊，爲的是收購一套宋刻兩漢書。明末常熟的毛子晉，更張貼告示，出高價徵求宋版，計葉付錢。到了淸代，錢牧齋謙益、季滄葦振宜等人復倡之於前，黃蕘圃丕烈、吳兔牀騫等更推波逐瀾於後，不僅賓宋，而且珍元，到了近代，明版也爲藏書家所重視。舊本書既爲收藏家所珍貴，然而歷時幾百年，屢經兵燹水火蠹蟲之災，傳世的也就日漸稀少了，徵求的既多，販鬻的自然無以爲供，坊間商人因緣射利，不惜僞造來欺騙購藏者，於是藏書家中出現了珍賞鑒訂的一派，就是洪亮吉在北江詩話卷三所稱：「第求精本，獨嗜宋刻，作者之旨意縱未盡窺，而刻書的年月日最所深悉，是謂賞鑒家者是也」。這些藏書賞鑒家將他們所藏的精本，記錄版式行款、序跋題記，敍述其本遞藏的源流，並取通行本校勘異同。其目的固在炫耀所藏的宋元版，也可供後來收藏者考訂眞僞，免上書估的當。這類的藏書目錄雖然所記載的多屬辨別版本的事，但從目錄學體制而言，也可說是敍錄的另一種體裁。鑒別版本，雖說是現代編目的人所應當具有的智識，但版本學今已發展成爲專門學術，欲研究者，應閱專書。茲目錄學所討論的，只是在詳究它的體制。

版本的賞鑒，導源於書畫的賞鑒。在南北朝時代，因爲士大夫間重視書畫，因之有許多有關書畫的著作出現，然而尚不過是倣班固漢書古今人表的方式，品評作者的優劣高下，如南齊謝赫古畫品錄、梁庾肩吾書品、陳姚最續畫品等都是這一類性質的著作。到了唐代才漸漸別爲賞鑒一途。唐玄宗時有竇臮撰述書賦，其中兼記收藏印章太平公主等十一家，爲賞鑒的萌芽。到了唐代末葉有張彥遠撰歷代名畫記十卷，其第十一篇論鑒識收藏閱玩，第十二敍自古跋尾押署，第十三敍自古公私印記，第十四論裝褙褾軸。又按郡齋讀書志載張氏別有名畫獵精六卷，云：「論畫法，並裝背褾軸之式，鑒別閱玩之方」。在論書人畫法之外，兼敍收藏的印記及裝褫等外表，開後代賞鑒一派的先河。其後遞相祖述，到了明代發展成不論書畫的本身，專記載其上的題跋文字及遞藏源流與印記的純鑒賞一派。如朱存理鐵網珊瑚、汪砢玉珊瑚網、張丑清河書畫舫諸書即是。明清之際，舊本書既爲收藏家所特別寶貴，遂有倣書畫賞鑒的前例而倡爲版本賞鑒者，當首推錢曾的讀書敏求記。曾字遵王，自號也是翁、述古主人，江蘇常熟人，是錢謙益同族的曾孫。自其父裔肅即喜歡搜購圖書，至曾收藏益富，其中頗多舊本秘笈。他將他的藏書先後編成述古堂書目及也是園書目，又遴選所藏的精本各撰解題，編成述古堂書目題詞，後來改名爲讀書敏求記。這部目錄係以四部分類，而類目毫無義例。所撰的解題，不敍介作者及書的內容，但討論繕寫刊雕的工拙。四庫總目僅存其目，提要批評它分別門類，不甚可解，考證也多乖謬，然而仍稱許其「述授受之源流，究繕刻之異同，見聞既博，辨別尤精，但以版本而論，亦可謂之賞鑒家矣」。其後，乾隆四十年于敏中等奉敕編昭仁殿所藏的善本書，成天祿琳琅書目十卷。嘉慶三年彭元瑞又奉敕整理昭仁殿續集的善本，編成天祿琳琅書目後編二十卷。這兩部書目以經史子集分類，每類中以宋金元明刊刻的時代順序著錄，每書各有解題，也是僅詳載槧梓的年月，刻印的工拙，及收藏家的題識印記，並一一考其時代與爵里，以述明授受的源流。所記載比錢曾讀書敏求記還要詳細，然而鑒別未精，版本多錯誤，未可全部採信。是後藏書家撰藏書志更遞事踵華，嘉道間海寧陳鱣的經籍跋文、吳縣黃丕烈撰百宋一廛賦注，又增錄舊本書的版式行款，開後來元和江標宋元行格表但記行格的一派。黃氏所撰寫的藏書題跋，他的友人王芑孫作陶陶室記云：

> 於其版本之後先，篇第之多寡，音訓之異同，字畫之增損，及其授受源流，繙摹本末，下至行

幅之疏密廣狹，裝綴之精粗敝好，莫不心營目識，條分縷析。

爲書志題跋及於校勘與敍版本源流的濫觴。道光七年虞山張金吾撰愛日精廬藏書志，除記版本及遞藏源流外，又仿朱彝尊經義考的體例抄錄書中的序跋，不過僅錄元代以前人所撰而且比較稀見者，至於前賢及時人手書的題跋，則備錄其文。又凡四庫未收的書，並介紹作者及書的內容。後來編著藏書志的，如同治光緒間的吳縣潘祖蔭滂喜齋藏書記、常熟瞿鏞鐵琴銅劍樓藏書目錄，聊城楊紹和楹書隅錄、歸安陸心源皕宋樓藏書志及儀顧堂題跋、杭州丁丙善本書室藏書志、江陰繆荃孫藝風藏書記、順豐丁日昌持靜齋藏書紀要、宜都楊守敬日本訪書記、民國以來的江寧鄧邦述羣碧樓善本書錄、吳興張鈞衡適園藏書志、長沙葉德輝郋園讀書志、江安傅增湘藏園羣書題記、東莞莫伯驥五十萬卷樓藏書目錄等等，雖然是詳略或異，大抵皆師其法，而賞鑒之精，考訂之密，後來者居上。清代的各藏書志大多著錄宋元舊刻與舊抄秘笈，對於明版或明代人的著作僅選載較罕見者。丁氏善本書室藏書志及繆氏藝風藏書記於所藏的明刻本始酌予著錄，至葉氏郋園讀書志，莫氏五十萬卷樓目錄，雖明版或明代著作也均詳予賞鑑。清人所撰的題跋於版式不列載刻工及諱字，民國二十八年海鹽張元濟爲南海潘氏寶禮堂編撰宋本書錄，始詳加記載。稍後北平文祿堂主人王文進編訪書記，也沿用其例，而現代作題記圖錄者，則無不詳載，體例愈臻精密。

賞鑑書志的編撰，在記錄一書的版式行款、刻工、避諱字、刻書牌記、裝訂、前後的序跋、收藏的印記及題識，以及紙墨字體與刊雕的工拙，如同敍錄一樣。不過僅以書的版刻及外形爲記述的對象，而不以闡介書的內容爲主旨。雖有資於版刻的考訂鑒別，而無關於學術的本末源流。然而自張氏愛日精廬藏書志於四庫所未著錄的書，撰寫解題，陸氏儀顧堂題跋續跋對於作者，能考四庫所未詳。降及近代，藏園羣書題記、五十萬卷樓羣書跋文，論述的範圍益廣，寖有兼具敍錄體制的趨勢，故爲研治目錄學者所不可不知。

古代目錄家編著目錄，論學術的源流，都是自撰敍錄，未嘗有採錄他人的序跋者。惟釋家典籍中有梁朝和尚僧佑所撰出三藏記集十五卷，其中卷六至卷十二，全錄各經典的序文。佑自序云：「一撰緣記，二銓名錄，三總經序，四述列傳。緣記撰，則原始之本克昭；名錄銓，則年代之目不墜；經序總，則勝集之時足徵；列傳述，則伊人之風可見。」他的採序文入目錄的體例，大概襲自劉宋時陸澄所撰的法論目錄。法論目錄一〇三卷今雖不傳，其目次尚載於出三藏記集卷十二，就目次所列，多集錄前人的序論。僧佑序云：

> 所以記論之富，盈闔以仞房；書序之繁，充車而被軫矣。宋明皇帝，據心淨境，載餐玄味，迺敕中書侍郎陸澄，撰錄法集。陸博識洽聞，苞舉羣籍，銓品名例，隨義區分，凡十有六帙，一百有三卷。其所閱古今亦已備矣。

不僅錄序文，且集前人的記論，爲元代馬端臨撰文獻通考經籍考的張本。陸氏的這種體例不知是自創？抑或取法於前人？因書缺有間，無從考訂了。其後唐釋道宣撰大唐內典錄、智昇撰開元釋教錄，也仿僧佑的例子，目中間採錄作者的自序。到了元朝馬端臨文獻通考經籍考始推廣陸氏的體例，全採前人的論記序跋，自下論斷的甚少。馬氏撰經籍考，除採崇文總目、中興藝文志、郡齋讀書志、直齋書錄解題等目錄而外，時從文集或本書中抄出序跋，並自雜說筆記中摘錄有關其書的論辨。間有書已亡而序尙存者，也將之錄入，凡書名下無卷數者，皆是其時不傳的書。他的這種著錄方法收羅既不能完備，而且資料衆多，也不可勝採，有點近似爲例不純。然而其體制頗善，對於學者甚爲有益，而且頗存佚文。譬如宋李燾的文簡集一百二十卷已亡，經籍考採用了其序跋題記凡四十二篇（註），大都考證精確，遠在晁陳二家解題之上。可惜馬氏僅就一時所見的資料，隨手抄錄，於唐宋人的文集，未能廣事搜羅。清康熙間朱彝尊又仿經籍考之例撰經義考。四庫提要云：

每一書前列撰人姓氏、書名、卷數，次列存、佚、闕、未見字，次列原書序跋、諸儒論說及其人之爵里。彝尊有所考正者，卽附案語於末。惟序跋諸篇，與本書無所發明者，連篇備錄、未免少冗。

蓋宋以後人所作的書序，喜歡借題發揮，橫空起議，雖朱氏僅考經義，所收尙不至甚濫，猶不乏無關學術的言詞，所以四庫提要說：「未免少冗」，不如馬氏經籍考尙能稍具翦裁。馬朱二氏於所引前人的論說，概標某氏曰，不著出處。所引的書序，也多删去其年月。翁方綱評經義考云：

經義考於每書之序多删去其歲月，覩者何自而考其師承之緒及其先後之跡乎？又所載每書考辯論說皆渾稱爲某人曰，不著其出於某書某注某集，則其言之指歸無由見，而於學人參稽互證之處亦無所裨助。蓋竹垞此書因昔人經籍存亡考而作，專留意於存佚，而未暇計及後人之詳考

也。（蘇齋筆記卷一）

而經義考的著錄體例，則是襲自文獻通考經籍考。

嘉慶初年謝啓昆撰小學考，亦沿襲朱氏的體例，但於採及他書論說者，則著明所出。道光中張金吾編愛日精廬藏書志，光緒八年陸心源刻皕宋樓藏書志錄其藏書的序跋，及名家手書的題識，悉載年月，一無刪裁。惟於明以後人的書序，略加選汰。又於習見書的序跋，亦不錄其文，皆僅存目，以備稽考。所謂青出於藍，後來者居上。清末孫詒讓撰溫州經籍志，更斟酌諸家，擇善而從。其敍例云：

> 敍跋之文，雅俗襍糅，宋元古帙，傳播浸希，自非繆悠，悉付掌錄。明氏以來，略區存汰。大抵原流綜悉，有資考校，義旨閎眇，足供誦覽，凡此二者，並為攟采。或有晉士剿剽，雅馴既少，書林衒鬻，題綴猥多，則僅存凡目，用歸簡要。（原註：張氏藏書志于習見之書序跋，皆僅存目，今略放其例）若編帙既亡，孤文僅在，則縱有疵纇，不廢迻謄。復以馬朱兩考，凡錄舊文，不詳典據，沾婿塗竄，每異本書，偶涉讐勘，輒滋歧牾。今亦依張志之例，凡舊編具在者，並迻寫原文，不削一字，年月繫銜，亦仍其舊（原註：凡敍跋文字從他書采入者，並依朱考，於文首揭箸某某敍跋。其據本書甄錄者，既備載全文，則姓名已具，故不復冠以某某敍跋之題，亦張氏藏書志例也）。其有名作孤行，散徵他籍者，則備揭根柢，並著卷篇，庶使覽者得以討原，不難覆檢。至于辨證之語，刺剟叢殘，實難稽覈。朱考概標某曰，尤為疏略。今則直冠書名，用懲肊造（原註：謝啓昆小學考已有此例。特此書名之下兼及卷數，與彼小異耳）。有刪無改，亦殊專輒。

義例益臻邃密。民國初年徐世昌修大淸畿輔書徵、項元勛編台州經籍志，也多仿孫氏例，於明以後人的序跋，亦全錄其文，更爲週詳。

關於目錄書中錄序跋的體制，近人余嘉錫甚贊其善，他說：

夫班固漢書採史公之自敍，錄法言之篇目，誠以學問出於甘苦，得失在乎寸心，自我言之，不如其人自言之深切著明也。論賈誼、東方朔，則徵信於劉向，論董仲舒則折衷於劉歆，誠以則古稱先，述而不作，前賢旣已論定，後人無取更張也。考訂之文，尤重證據。是故博引繁稱，旁通曲證。往往文累其氣，意晦於言。讀者乍覩淺嘗，不能得其端緖。與其錄入篇內，不如載之簡端，旣易成誦，又便行文。此所以貴與創之於前，竹坨踵之於後，體制之善，無閒然矣。

（目錄學發微頁七六）

除了余氏所說的優點而外，宋以後人的序跋中，大多述及刋雕的事，也可以考見其書繙刻的源流，體制誠然甚佳。惟目錄學的意義，在於指示讀者治學涉徑的方法，故撰述宜鈎玄提要，簡明出之。錄序跋論說的體裁，雖然也是目錄的一端，自考訂經籍而言，固然甚善，然而不是目錄學體制的準則，這是學者所應當知道的。

綜以上所討論的，自別錄、七略、漢志以降，目錄的體制有若干種，各有其優點。然而篇目的體制，宜於古而不適於今；錄書的序跋，乃是纂輯工作，非著述的體裁。敍錄闡釋一書的大旨與得失，而不及版本的異同；書志題識記載版本賞鑑，而不及書的內容，皆各得一偏。研治學術的方法，貴在能變通，並不是一成不變，亘古常新的，端在吾人研究錄略之學，通悉古今，而開創新例。近世撰述版本題識的學者，如陸心源、傅增湘、莫伯驥諸氏的著作，已開融版本、敍錄體制爲一的端倪，雖然其例尚未臻於完善，但頗值得思考效行。因之拙意宜斟酌舊制，釋善而從，並因時損益。小序宜仍存留，以明各科學術的淵源；撰敍錄則應兼述卷目及版本的源流與異同，如此始能盡目錄的功用。雖則陳義未免稍高，然要在看吾人治學的態度如何，如果認其制對學者有益，雖有困難，亦當勉力以赴。

〔附　註〕

註：按通考經籍考收錄李燾的序論，凡經部十一篇，見晁以道古易、春秋指掌、春秋摘微、帝王曆紀譜、春秋得法志例論、左氏紀傳、春秋外傳國語、說文解字繫傳（又後序二篇）、字林。史部二〇篇，見漢紀、唐歷、唐紀、資治通鑑、續資治通鑑長編（進書奏狀共三篇）、高宗實錄、汲冢周書、建隆遺事、溫公日記、唐制科學目圖、續會要、百官公卿表、中興館閣錄、歷代宰相年表、天禧以來御史年表、天禧以來諫官年表、劍南須知、西南備邊。子部十篇，見說玄、章氏太玄經註、太玄經疏、太玄發隱、信書、鬻子、墨子、雜纂、齊民要術、武經總要。集部則僅錄趙韓王集序一篇，共計四十二篇。余嘉錫目錄學發微謂錄三十三篇，殆有漏計。

第六章 論類例

所謂的「類例」，即是現今習稱圖書的分類，古代或名「種別」，如漢書劉歆傳所云：「歆乃集六藝羣書，種別爲七略」；一名爲「部目」，例如隋志大序論七錄所說：「其分部題目，頗有次序」。「類例」一辭，始見載於隋書，許善心傳云：

善心放阮孝緒七錄，更製七林，各為總序，冠於篇首。又於部錄之下，明作者之意，區分其類例焉。

隋書所謂的類例，有若王儉七志的條例，唐人所謂的小序，指條敍區類的義例，尚非指圖書的分類。而以「類例」一辭比喻圖書的分類，大概起於宋初。册府元龜卷六〇八學校部目錄序云：

而學者斯勤，述者彌衆，廣搜並購，旣顯於好文，強學專門，頗患於寡要。故前之達者，分其類例，使有條不紊，求者可以俯覩也。

自後「類例」成爲一個專門名詞，而相率沿用，但是並不是它原始的意義了。

我國自來圖書編目，首重類例，因爲典籍衆多，假若不能羣分類聚，則無法見其學術系統，也無以貯藏檢點。宋鄭樵嘗說：

> 學之不專者，爲書之不明也。書之不明者，爲類例之不分也。有專門之書，則有專門之學，有專門之學，則有世守之能。人守其學，學守其書，書守其類。人有存沒，而學不息，世有變故，而書不亡。以今之書，校古之書，百無一存，其何故哉？士卒之亡者，由部伍之法不明也；書籍之亡者，由類例之不分也。類例分，則百家九流各有條理，雖亡而不能亡也。

又比喻說：

> 十二野者，所以分天之綱，卽十二野不可以明天；九州者，所以分地之紀，卽九州不可以明地；七略者，所以分書之次，卽七略不可以明書。欲明天者，在於明推步；欲明地者，在於明遠邇；欲明書者，在於明類例。噫！類例不明，圖書失紀，有自來矣。（以上俱見校讎略編次必謹類例論）

換句話說，要了解天上星辰，要先懂推步之法。要了解地理區劃，在要先知道其遠近距離。要知曉七略所著錄的書的內容，先要懂得它分類的方法。雖說類例對於學術與圖書甚爲重要，但是類例條別，豈是一件容易的事？我國自漢以來，對於圖書的分類，或七分，或四分，或五分，或六分，或十三分，或十分，還有其他別裁異訂的各式分類，層見迭出，都是想補偏救敝，然而迄今二千年，猶議者紛紛，仍無定論。按圖書的分類，不外崇「質」與依「體」兩個標準。「質」亦稱曰「義」，卽是書的內容；「體」者，則是書的體裁。分類崇「質」者，以書的內容爲主，重學術的源流，存專門世守之業；依「體」者，惟按書的體裁爲分類標準，而漠視其內容，故不免流於牽湊籠統，所以甚爲後世的目錄學家譏抨。清代的章學誠曾批評說：

六典亡而為七略，七略亡而為四部……唐人四部之書，乃為後世著錄不祧之成法，而天下學術益紛然無復綱紀矣。蓋七略承六典之敝，而知存六典之遺法；四部承七略之敝，而不知存七略之遺法。是七略能以部次治書籍，而四部不能不以書籍亂部次也。（文史通義卷六和州志藝文書序）

章氏並特別强調分類部次的要義，在於辨章學術，考鏡源流。他又說：

校讎之義，蓋自劉向父子部次條別，將以辨章學術，考鏡源流，非深明于道術精微，羣言得失之故者，不足與此。後世部次甲乙，紀錄經史者，代有其人。而求能推闡大義，條別学術異同，使人由委溯源，以想見於墳典之初者，千百之中，不十一焉。（校讎通義敍）

自理論上而言，圖書分類，是應重視學術源流，這樣的目錄，才能指導讀者治學涉徑，卽類求書，因書治學，然而也不能不注意圖書的特性。因爲學與書究竟有所不同，學術萬端，各有其源，不會兼包。譬如經學與史書，固然追本溯源，史學是衍自春秋經，然而到了後代，已別子爲宗，另成一系。史學固然不能概括經學，春秋又豈能兼包史學？而書則不同，可以旁通四達，忽經忽史，均可並容。世無包羅萬象之學，而有六通四辟的著作，是書與學不得不分。學術的源流固然可以考索，然而並不是類例的責任，而是目錄體制中小序及敍錄的功能。就是拿鄭樵、章學誠等人詡爲能條別學術源流的七略來言，它分別九流，具有條理，假如沒有輯略，也就是漢志的小序，但從它著錄的書目，怎麼知道某學出於古代某官所掌，其流而爲某家之學，失而爲某事之敝。所以但依其類例，實無從詳析源流。且大體論之，七略能分類以義，將國語、國策、太史公書等書編附在六藝略春秋類。主要是西漢時代的歷史著作不多，依據漢志所載，僅有十二部，故可以從其學術的源流，附於春秋家。然而對於蓍龜、雜占等書，並不附於易經之後，而列在數術略；對於各家的詩賦著作，也不附在詩經類，而獨立設置一略。可見劉氏的分類，已不能不重視其時學術的遷變，何況劉氏之後千餘年，學術的歧分變化更大，或興或衰，代有隆替。譬如名墨縱橫諸家，因傳者少而其學寖微；史學詩賦，後世愈來愈盛。到了近世，西學東漸，中西的學術，更錯綜複雜。而且著作的體裁，古今不能一成而不變，正如明祁承㸁所說的：「或一時之著作，而倏爾談經，倏爾論政。或一人之成書，而或以撫古，或以徵今」。像那些內容複雜而無所專主的圖書，將如何取衷而論其學術的源流？我國歷代的目錄學家，昧於辨章學術、考鏡源流係小序及敍錄所具有的功能的道理，而想從類例來達到其理想，適徒增加困難紛擾。鄭樵嘗說：

> 類例既分，學術自明，以其先後本末具在。觀圖譜者，可以知圖譜之所始，觀名數者，可以知名數之相承。讖緯之學，盛於東都；音韻之學，傳於江左。傳注起於漢魏，義疏盛於隋唐。觀其書，可以知其學之源流。（編次必謹類例論）

他的「類例既分，學術自明」的說法，自理論上而言，固然並無不通。但是有一先決條件，必需將各門類的圖書，從古迄今，無論存佚，全部予以著錄，才能表現各門類學術的淵源流變。所以他編通志的藝文略，即是不論存佚，均予收錄。但是這種方式不僅後代的藏書目所不能爲，就是史書的藝文志也不可能如此的著錄。後代的史書藝文志，劉知幾的史通已經批評它是「以水濟水，孰能飲之」。假如用鄭樵的方法來編著，更不知要如何的抨擊了。

章學誠的見解則比鄭氏更進了一步。鄭氏的明類例尚只著重條別其時的淵源流變，而章氏則欲將後代的學術圖書，追本溯源，而推見古代官師合一的情形，故主張仿七略的類例來編次圖書。乾隆三十八年二月他纂修和州志藝文書，即嘗試依七略的分類來部次羣書，以條別學術源流。和州志原書雖不傳，但所撰的序例則收入文史通義中，他說：

> 聞以部次治書籍，未聞以書籍亂部次也。漢初諸子百家，浩無統攝，官禮亡矣。劉氏承西京之敝，而能推究古者官師合一之故，著為條貫，以溯其源，則治之未嘗不精也。魏晉之間，文集類書，無所統繫，專門傳授之業微矣。而荀李諸家，不能推究七略源流。至於王阮諸家，相去逾遠。其後方技兵書合於子部，而文集自為專門，類書列於諸子。唐人四部之書（原註：四部創於荀勗，體例與後代四部不同，故云始於唐人也），乃為後代著錄不祧之成法，而天下學術益紛然而無復綱紀矣。蓋七略承六典之敝，而知存六典之遺法。四部承七略之敝，而不知存七略之遺法。是七略能以部次治書籍，而四部不能不以書籍亂部次也。且四部之藉口於不能復七略者，一曰史籍之繁，不能附春秋家學也。夫二十一史，部勒非難。至於職官故事之書，譜牒紀傳之體，或本官禮制作，或涉儒雜家言，不必皆史裁也。今欲括囊諸體，斷史為部，於是儀注不入禮經，職

官不通六典，謨誥離絶尚書，史評分途諸子（原註：史評皆諸子之遺，入史部，非也），變亂古人立言本旨，部次成法以就簡易，如之何其可也？二曰文集日繁，不列專部，無所統攝也。夫諸子百家，非出官守，而劉氏推為官守之流別，則文集非諸子百家，而著錄之書，又何不可治以諸子百家之識職乎？夫集體雖曰繁賾，要當先定作集之人。人之性情，必有所近。得其性情本趣，則詩賦之所寄託，論辨之所引喻，紀敍之所宗尚，撮其大旨，略其枝葉，古人所謂一家之言，如儒墨名法之中，必有得其流別者矣（如韓愈之儒家、柳宗元之名家、蘇軾之縱橫家、王安石之禮家）。存錄其文集本名，論次其源流所自，附其目於劉氏部次之後，而別白其至與不至焉，以為後學辨途之津逮……家法旣專，其無根駁雜類鈔評選之屬，可以不煩而自治……但學者不先有以窺乎天地之純，識古人之大體，而遽欲部次羣言，辨章流別，將有希幾於一言之是而不可得者，是以著錄之家好言四部而憚聞七略也。

章氏所修的和州志藝文書卽是推本七略辨章學術的理論而撰成。據今存的例議所載，他將圖書區分為六藝、記載、諸子、詩賦、數術、方技、釋教、金石八大類，與七略不同者乃無兵書，蓋所著錄和州人的著作無其書之故。新增記載、釋教、金石三類係七略以後新起之學。其特異之處，為無史、集兩類，而將其書各追溯其學術淵源而分別部次入六藝與諸子。觀察章氏對於圖書分類的見解，一生中曾經歷過幾度的改變。乾隆二十九年，他二十七歲時協助他父親修纂天門縣志藝文考，尚沿用傳統的四部分類法。天門縣志藝文考序云：

今採摭諸家，勒為一考，厥類有四：曰經、曰史、曰子、曰集；其別有三：曰傳世、曰藏家，俱分隸四部。曰亡逸，別自為類，附篇末。（文史通義卷八）

三十八年修和州志藝文書時始改採七略的類例，直到四十二年修永清縣志，於文徵序例中仍重中文集係諸子之遺的理論。但是到了四十四年他撰寫校讎通義時，他的見解突變。原來他認為可以師七略推究古代官師合一之故的家法，裁去自晉以來的史集兩部，現在則以為時勢之所趨，已經無可挽回。他在校讎通義宗劉篇說：

七略之流而為四部，如篆隸之流而為行楷，皆勢之所不容已者也。史部日繁，不能悉隸以春秋家學，四部之不能返七略者一；名墨諸家，後世不復有其支別，四部之不能返七略者二；文集熾盛，不能定百家九流之名目，四部之不能返七略者三；鈔輯之體，既非叢書，又非類書，四部之不能返七略者四；評點詩文，亦有似別集而實非別集，似總集而又非總集者，四部之不能返七略者五。凡一切古無今有、古有今無之書，其勢判如霄壤，又安得執七略之成法以部次近日文章乎？

距修和州志藝文書不過只有六年，距修永清縣志只有兩年，他的思想何以會有這樣一百八十度的大轉變？揆究其原因，大概不出下列兩點。第一：三十八年四庫全書館已開，高宗曾有上諭說：「朕意從來四庫書目，以經史子集爲綱領，裒輯分儲，實古今不易之法。」章氏在四十二年五月應聘修纂永清志時，雖在文徵序例中重申文集係諸子之遺，然而在文徵論說序錄又云：

自學不專門，而文綺麗，於是文人撰集，說議繁多。其中一得之見，與夫偶合之言，往往亦有合於古人，而根本不深，旨趣未卓。或諸體雜出，自致參差；或先後彙觀，竟成複沓。此文集之論說，所以異於諸子一家之言也。

語氣已經緩和得多了。是年秋天，他考中了順天鄉擧，翌年春，又中了進士。有了功名的人，自然不便也不敢與皇帝唱反調而自找麻煩了。第二個原因，他所編的和州志藝文書一共不過著錄了三百五十八家。假若減去新增的釋家類及金石類，其餘六類只有一百七十七家，但其部次却非常的紊亂。譬如將吳韜、孫廷鐸、孟思誼三家制義入諸子儒家類，韓文年編、陶詩考異兩家歸名家部，鳴道集、淵源集、四書指月等歸儒家部，釋常談入六藝小學部，而續釋常談却入諸子雜家部。如此的部次法，不但不足以辨章學術，反而令人有無從查索之感。再如王安石的文集，他在和州志藝文書序例中定爲禮家，而在校讎通義宗劉編稱爲法家，前後歧異。可見他定後世的文集爲諸子一家之言，也沒有一定的主見。名家的別集尚且如此分歧，至於那些一得之見，旨趣不顯的文集，更難定其爲諸子何家之言了。

規復七略的類例，既無以辨章學術的源流，且格於客觀的形勢，而不得不回復採用他曾抨擊以書籍亂部次的四部分類，但目錄之要在於辨章學術的主張不變。如何討論流別，他惟有乞靈於小序與敍錄了。校讎通義宗劉編云：

七略之古法終不可復，而四部之體質又不可改，則四部之中附以辨章之義，以見文字之必有源委，亦治書之要法。而鄭樵顧刪去崇文敘錄，乃使觀者如閱甲乙簿注，而更不識其討論流別之義焉，烏乎可哉？

因集部之目錄，而推論其要旨，以見古人所謂言有物而行有恒者，編於敘錄之下，則一切無實之華言，牽率之文集，亦可因是而治之，庶幾辨章學術之一端矣。

類例之主要目的，在將龐雜繁亂的圖書依其學術系統而條別部次，使其井然有序，既便於收藏，亦便於檢取。至於辨章學術，討論流別，實存乎敘錄小序體制之中。自劉氏向歆父子奠立我國目錄學，即已立下此義例。後代目錄學者未明此旨，故論者紛紛。劉歆七略的部次法，漢代內府藏書著為定例。觀阮氏七錄序云：「歆總括羣籍，奏其七略。及後漢蘭臺，猶為書部。」隋志云：「光武中興，篤好文雅，明章繼軌，尤重經術。……又於東觀及仁壽閣集新書，校書郎班固、傅毅等典掌焉，並依七略而為書部。」所謂的「猶為書部」，即是說依據七略的分類來部次所藏的圖書，可以證明。而近人杜定友氏說：「古目錄之學，離書而立。類例部次，見於目而不見於書。書之陳列未嘗因目而定，故即目不可以求書。」並說荀勗中經新簿是我國目錄學史中最初確定部居次第之舉（均見所撰類例論），實非事實。

亦正因為我國古代圖書的類例未嘗離書而獨立，換句話說，即分類係因書而設，所以未能像西洋的發展而成為圖書分類法。自七略以至四庫，旁及私家著述的目錄，大都只能謂之藏書目錄，而不能稱為分類法，故論者說我國無分類法，尚屬事實。因無完善的分類法，故部次者率就其所藏圖書情形而區分類例，不能一統。且部次者但求整齊，而罔顧原理，難免牽湊籠統，誠如章學誠所譏評的以書籍亂部次。往代的七略四部，固不能行之於今日，而今人援引的西洋十進分類法，與我國的學術圖書又豈能契合無間？故談到我國現代的圖書分類，必求融會古今中外而後訂定之，才能適當。

「類例之道」，在求學術系統之明晰，門類範圍之賅括，其要點有三：

一曰條理宜分明。鄭樵嘗說：「類書猶持軍也，若有條理，雖多而治。若無條理，雖寡而紛。」明焦竑也說：「記有之，進退有度，出入有局，各司其局。書之有類例，亦猶是也。故部分不明則兵亂，類例不立則書亡。」（國史經籍志簿錄類小序）蓋類例的目的，主要便於圖書的查檢。假若類例無條理，雖藏有其書，而無從查檢，亦等於亡失。故類例的區分，必以學術門目，書的種類為單位，有其學必有其類。固不能重今而忽古，也不宜援西學以概括我國。因為圖書有前代亡佚而後來復出者，或有此家不藏而他家藏有者。所以須予古今之學，古今之書，皆須考慮釐定類目以統系之。而且一國有一國的文化背景及學術特色，故類例的釐定必求適合總括本國的典籍，不宜捨己從人。必如此，條理才可分明，然後書有所出，學有所增，類別部次，不致紛亂。

二曰類目宜詳悉。分類的起源，本來在於別異同，所謂同則同之，異則異之，復於同中求異，異中求同，如此學而類推，則綱立目張。鄭樵嘗說：

> 學術之苟且，而由源流之不分。書籍之散亡，由編次之無紀。易雖一書，而有十六種學，有傳學、有注學、有章句、有圖學、有數學、有讖緯學，安得總言易類乎？詩雖一書，而有十二種

學，有訓詁學、有傳學、有注學、有圖學、有譜學、有名物學，安得總言詩類乎？道家則有道書、有道經、有科儀、有符籙、有吐納內丹、有爐火外丹，凡二十五種皆道家，而渾為一家可乎。（通志總序）

故鄭樵編次藝文略，即詳分類例，總分十二大類，一百五十五小類，二百八十四個屬目。自鄭氏創此例後，明人多沿襲之，蓋不如此，則不便於查檢圖書。然而四庫總目猶譏評焦竑的國史經籍志，說他「多分子目，頗以餖飣爲嫌」，誠所謂不知本，更不識詳分類例的功用。所以自清以後，類例之法，鮮有進步，良可浩嘆。

三曰部次宜有法則。類例既有條理，綱目亦已詳悉，其每一子目內所著錄的圖書，部居先後，也須要有法則。部居之法，有以時代次第者，如史書之類是也；有以地域排次者，如志乘之類是也；而一般則以著者時代的先後排次。依著者部次，我國舊目通常按朝代的先後，然而對於同一朝代的作者孰先孰後，則無定例。自清初黃虞稷編千頃堂書目，其別集類的排次係按科第的先後，中進士者按中進士的先後，未中進士而曾登鄉擧的則依鄉擧之年。四庫總目循其例而推廣至各類目，除了帝王的著作各排在其朝代的最前面而不按時代外，其餘的「槩以登第之年，生卒之歲，爲之排比。或據所往來倡和之人爲次。無可考者，則附本代之末，釋道閨閣，亦各從時代。」（四庫總目凡例）我國自唐代以後，有著作傳世的，大多數都有功名，或中擧，或中進士，可依其登第的先後次序排比。那些未登第的人的著作，則可依其生卒年或與之交往的人比附。這種排次法，可使同一類目中，時代相近的人的著作排列在一起，最便於研究，是學術性的編次法，實遠勝於西法的依著者號碼來編次而便於查檢。但部次之例雖有三，而同一類目中，只能採用其一，如依著者時代排，即不可同時又依地域，以自亂其例。能會通上述三要點，而後始可與言分類。

第七章　互著與別裁

「互著」與「別裁」是我國的目錄學家爲了使圖書的分類部次趨於妥當，俾便於讀者能很容易地依據書目來尋檢資料，所創訂的兩種編目方法。因爲我國的古籍中往往有內容所涉廣泛而難以確定應歸隸於某一部類，或者是一部書之中包含有零星的著作，而與全書的性質不同隸於一類者。編目的人遇到此類圖書往往斟酌爲難。宋鄭樵在所著的校讎略編次之訛論篇中嘗說：

古今編書所不能分者五，一曰傳記，二曰雜家，三曰小說，四曰雜史，五曰故事。凡此五類之書，足相紊亂。又如文史與詩話亦能相濫。

四庫全書總目子部雜家類雜說的案語亦云：「案記錄雜事之書，小說與雜史最易混淆，諸家著錄，亦往往牽混。」都在說明有若干的古籍，它的內容可以通於幾類。我國自來編目法，一種書只可歸入一類，倘若遇到一書可以歸入幾類的情形，則使編目的人取捨維艱。擧例而言，譬如宋滕元發所著的孫威敏征南錄，該書的內容是記述孫沔討平廣西蠻夷儂智高的作亂，故可以編入雜史類。然而這部書並非完全記載儂智高作亂的史實，作者著書的主旨，是在表彰孫沔的功績。如從這個觀點來分類，其書也可編入傳記類。至於像筆記體一類的書，它的內容，或記軍國大政，或述時事見聞，或是讀書時偶有心得，而發揮自己的意見，或是考訂相傳的繆誤。這一類體裁的書，大抵作者隨興之所至而筆錄，無所翦裁。歸入史部的雜史、掌故，或子部的雜家雜說，小說家筆記，皆無不可。編目的人往往費盡斟酌，難以確定。又自宋以來的別集，大多是網羅其人的詩文及零星短篇著作，彙爲一書。或是刻某人一著作而以其他作品附刻於後。這一類的全書，其中或經或史，或儒或墨，兼包有之。像上面所述的兩種類型的圖書，假如編目的人僅著錄於一類，則其書中所載不同於該類學術的內容則無從顯示出來，讀者卽難以依據分類書目來尋檢資料。爲了彌補這種缺憾，我國前代的目錄學家於是創始了「互著」與「別裁」兩種編目的方法。

所謂「互著」者，凡一部書的內容可以通於兩類或兩類以上的學術時，則各依其可以隸入的部類分別重複著錄，一個是主類，其他處則於目下註明互見某類。所謂「別裁」者，凡一部書之中括有若干著作，這所附著作的內容與原書不隸屬於同一部類者，則將其篇卷裁別出，標注於它應歸入的部類，並註明它原在某書之內。這兩個名辭創自淸代章學誠氏，章氏所撰的校讎通義，有「互著」、「裁別」二篇，以解釋他創立這兩種編目方法的理由。互著篇云：

> 一書本有兩用，而僅登一錄，於本書之體旣有所不全；一家本有是書，而缺而不載，於一家之學亦有所不備矣。
>
> 書之易混者，非重複互注之法，無以免後學之牴牾；書之相資者，非重複互注之法，無以究古

人之源委。

不知重複互注之法，則遇兩歧牽掣之處，自不覺其牴牾錯雜，百弊叢生，非特不能希蹤古人，即僅求寡過，亦已難矣。

別裁篇云：

古人著書，有採取成說襲用故事者（原注：如弟子職必非管子自撰，月令必非呂不韋自撰，皆所謂採取成說也），其所採之書別有本旨。或歷時已久，不知所出。又或所著之篇，於全書之內自為一類者，並得裁其篇章，補苴部次，別出門類，以辨著述源流。至其全書篇次具存，無所更易，隸於本類，亦自兩不相妨。蓋權於賓主重輕之間，知其無容互見者，而始有裁篇別出之法耳。

在我國圖書的分類迄無妥善安排之際，尤其是圖書與類例不能契合無間，爲了避免編目的人確定一書的類例，不致顧此失彼，取捨困難，而讀者查檢也不致有所遺漏，這的確是兩種非常良好的編目輔助方法。章氏創立這兩種方法，據他說是研究劉歆的七略而推衍得來的。然而我們細檢七略所載，劉歆當日是否曾立下了互著與別裁的編目義例，實不能不令人懷疑。

章學誠氏考訂七略中重複互著的書，凡有十種。他在互著篇云：

劉歆七略亡矣。其義例之可見者，班固藝文志注而已（班固自注，非顏注也）。七略於兵書權謀家，有伊尹、太公、管子、荀卿子（漢書作孫卿子）、鶡冠子、蘇子、蒯通、陸賈、淮南王九家之書。而儒家復有荀卿子、陸賈二家之書，道家復有伊尹、太公、管子、鶡冠子四家之書，縱橫家復有蘇子、蒯通二家之書，雜家復有淮南王一家之書。兵書技巧家有墨子，而墨家復有墨子之書。惜此外之重複互見者，不盡見於著錄，容有散逸失傳之文。然即此十家之一書兩載，則古人之申明流別，獨重家學，而不避重複著錄明矣。

按劉歆的七略雖失傳，然班固已採之修纂爲漢書藝文志，其大序明言「今刪其要，以備篇籍」。雖略有刪改，但班固在其書下或各類之後皆有注明，故於漢志仍可推考見七略著錄的原貌。所謂七略重複互著的，僅此十家而已，故不能相信章氏所說的「容有散逸失傳之文」。考漢志兵書略權謀類下有班固注，云：

省伊尹、太公、管子、孫卿子、鶡冠子、蘇子、蒯通、陸賈、淮南王二百五十九篇重（此據王先謙漢書補注改，原文「篇重」二字作「種」字）。

可以推知在七略的兵書權謀家中原著錄了伊尹等九家二百五十九篇，班固以其重出而省去。按漢志諸子略儒家載孫卿子三十三篇、陸賈二十三篇；道家載伊尹五十一篇、太公二百三十七篇（計謀八十一篇、言七十一篇、兵八十一篇）、管子八十六篇、鶡冠子一篇；縱橫家載蘇子三十一篇、蒯子五篇；雜家載淮南內二十一篇、外三十三篇。這九家也就是原七略諸子略中著錄的，一共爲五百三十一篇，遠超過班固所刪省在兵書權謀中九家的篇數。即令太公一書不計謀與言各篇，僅計議兵的八十五篇，則共有三百六十九篇，也與班固所省的篇數不符。關於這一點，王先謙漢書補注說：「重者，蓋七略中伊尹以下九家，其全書收入儒道縱橫雜各家，又擇其中之言兵權謀者，重入於此，共得二百五十九篇。」

可見七略兵書略所著錄的並非與諸子略中所載的完全相同，而僅著錄諸家著作中論兵法的各篇。這情形從兩略中著錄墨子的篇數來看可以更淸楚。按班固於兵家略下又注云：「省十家二百七十一篇重。」除了上述九家二百五十九篇外，可以推知所省兵技巧中的墨子僅有十二篇。而諸子略墨家所著錄的墨子凡七十一篇，更可以證明七略原本諸子兵書兩略所著錄的此十家，並非如章學誠氏所說的重複互著，兵書略中所載的此十家不過僅是諸子略中所著錄的部分議兵的篇第，若說爲別裁，倒也可通，章氏舉此爲七略中互著的例子，實爲大謬。

七略中其他各略間都沒有重複著錄的例子，何以獨兵書略中有此情形？其故殆由兵書自漢初以來卽受到政府的特別重視，整理編目自成爲一系統。漢代初興，有張良、韓信來序次兵法，於一百八十二家中，刪取要用，定著三十五家，是兵書的第一次整理編目。其後因呂產、呂祿等奪權謀變，偸竊了內府所藏的兵書。武帝時命軍政楊僕捃摭殘餘而加以整理，又編了一部兵書目錄奏呈，但不甚完備，故成帝時徵求遺書，又命任宏再整理編目。成帝時內府校讎圖書，雖說由劉氏向歆父子主持其事，其中兵書、數術、方技等書實皆由專家來負責校讎，尤其是兵書的整理當仍循漢初以來的舊貫。漢志的小序於其他各略皆未明述校讎者的名姓，獨兵書略小序特著：「至於孝成，命任宏論次兵書爲四種」，以顯示兵書純出任宏的校讎，劉向未嘗予以論定。向歆校讎諸子，彙集中外的藏本，整理刪除其中重複的篇章，釐定其存世的篇目，編爲全書，故爾偶有與兵書略中所已著錄的篇第重複，然而不能因此卽說劉氏在當日曾創立了互著的凡例，何況兵書略與諸子略所著錄的書名雖同，而篇第並不盡同。假若劉氏當年編目時果眞運用了互著的義例的話，則戰國策除了附著於六藝春秋家外，應互著於諸子的縱橫家；道家的管子應互著於法家，雜家的子晚子應互著於兵書，像這類的例子很多，無煩縷擧。

關於別裁，章氏擧七略中的弟子職及孔子三朝記兩部書爲例，他說：

管子、道家之言也，劉歆裁其弟子職入小學。七十子所記百三十一篇，禮經所部也，劉歆裁其三朝記篇入論語。

按漢志六藝略論語家著錄孔子三朝七篇，史記五帝本紀索隱引劉向別錄云：「孔子見魯哀公問政，比三朝退而爲此記，故曰三朝，凡七篇，並入大戴禮。」據孔廣森大戴記補注序錄及沈欽韓漢書疏證謂孔子三朝七篇卽大戴禮記中的千乘、世代、虞戴德、誥志、小辯、用兵、少閒等，然在戴記中並未標明孔子三朝的書名。而古人書中如鄭玄注禮，臣瓚注漢書等常引有孔子三朝記的原文者，淸馬國翰嘗輯成一卷收入玉函山房輯佚書中，知此書在漢晉間本來單行，不因戴德編入戴記中而原本不傳。可以證明七略漢志所著錄的孔子三朝，並非是從大戴記中別裁出來的。弟子職原來不是管仲所著，而係漢世的儒者所著，爲後人編入管子一書中，想亦係原本單行已久，故劉氏並不因其已收入管子書中而不著錄其原本。在七略目中所著錄纂輯的書頗多，倘若劉歆編目有意別裁的話，那些纂輯的書大多可以裁篇別出而分別著錄的，決不致僅有此一二個孤例。章學誠氏對於七略目中的這種情形說是用的別裁法，而對於其他書目中的同樣情形則說是幸而偶中。他說：

> 夏小正在戴記之先，而大戴記收之，則時令而入於禮矣。小爾雅在孔叢子之外，而孔叢子合之，則小學而入於子矣。然隋書未嘗不別出小爾雅以附論語，文獻通考未嘗不別出夏小正以入時令，而孔叢子、大戴記之書，又未嘗不兼收而並錄也。然此特後人之幸而偶中，或爾雅小正之篇有別出行世之本，故亦從而別裁之，非眞有見於學問流別而爲之裁制也。不然，何以本篇之下不標子註，申明篇第之所自也哉？

這番話全然是强辯，因爲七略的著錄，依據漢志所載，也並未在本篇之下，注明其所出。卽依劉向孔子三朝記的敍錄，也只說其篇「並入大戴禮」，並未說其書是從大戴禮記中裁別出來的。關於一部書分別著錄於兩類，章氏對七略稱道爲互著，而於其他書目中的同樣情形，則譏評爲編次的錯誤。這種隨意出入完全是章氏的主觀論定，並無客觀的證據。章氏也深深地知道僅就七略中所有的例證來强調劉氏曾創立了互著與別裁的編目義例，實不足以勝人之口，服人之心，所以他在補校漢藝文志篇說：

> 今觀劉略，重複之書僅止十家，皆出兵略，他部絕無其例，是則互注之法，劉氏且未能深究，僅因任宏所稱存其意耳。

以爲自己留餘地，於以顯示他推廣之功。

七略既未嘗創立互著與別裁編目法的義例，何以章氏必定要推本於劉歆，而不逕自表示是自己的創見？一言以蔽之，他不過是想假託箭垜式的古人來加强這種編目法的推展，實際上他是承襲了明代祁承㸁的編目方法，而別創了這兩個新的名詞。祁承㸁在萬曆四十八年整理他的家藏圖書編成淡生堂藏書目錄，並撰有庚申整書小記一篇及整書略例四則，來闡釋他整理編目及分類部次的原則與方法。他分類編目的原則有四，第一二兩項屬於分類問題與本篇無關，玆不贅述。其第三法爲「通」，他說：

通者，流通於四部之內也。……古人解經，存者十一，如歐陽公之易童子問，王荊公之卦名解，曾南豐之洪範傳，皆有別本，而今僅見於文集之中。惟各摘其目，列之本類，使窮經者知所考求，此皆因少以會多者也。又如靖康傳信錄、建炎時政記，此雜史也，而載於李忠定之奏議；宋朝祖宗事實及法制人物，此記傳也，而收於朱晦翁之語錄；如羅延平之集，而尊堯錄則史矣；張子韶之集，而傳心錄則子矣。凡若此類今皆悉為分載，特註明原在某書之內，以便檢閱，是亦收藏家一捷法也。

其第四法曰「互」：

互者，互見於四部之中也。作者旣非一途，立言亦多旁及。有以一時之著述，而倏爾談經，倏爾論政；有以一人之成書，而或以摭古，或以徵今，將安所取衷乎？故同一書也，而於此則為本類，於彼則為應收；同一類也，收其半於前，有不得不歸其半於後。如皇明詔制，制書也，國史之內，固不可遺，而詔制之中，亦所應入。如五倫全書，勑纂也，旣不敢不尊王而入制書，亦不可不從類而入纂訓。又如焦氏易林、周易古林，皆五行家也，而易書占筮之內，亦不可遺。又如王伯厚之玉海，則玉海耳。鄭康成之易、詩、地理之考、六經天文、小學紺珠，此於玉海何涉，而後人以便於考覽，總列一書之中，又安得不各標其目，毋使溷淆者乎？其他如水東日記、雙槐歲抄、陸文裕公之別集、于文定公之筆塵，雖國朝之載筆居其強半，而事理之詮論亦略相當，皆不可不各存其目，以備考鏡。至若木鐘臺集、閒雲館別編、歸雲別集外集、范守己之御龍子集，如此之類，一部之中，名籍不可勝數，又安得概以集收，溷無統類。故往往有一書而彼此互見，有同集而名類各分者，正為此也。

祁承㸁所說的通，乃將一書內所收不同於全書類別的篇卷目析出，分載於應入之類，而註明原在某書之內，正同於章氏所謂的別裁法；他所說的互，乃將內容廣泛的書互載於幾類中，一爲本類，其他則爲應收，正同於章氏所謂的重複互著法。而祁氏所闡釋的這兩種部次方法及舉例，實遠比章氏校讎通義所解釋的易於使人明瞭。庚申整書小記及略例載在祁氏淡生堂集卷十四，其集原刻於崇禎六年，雖然是清初政府禁燬的書，但在藏書家之中想頗不乏暗中密藏的。乾隆四十四年鮑廷博曾自其集中輯出了澹生堂藏書約一卷，刻入知不足齋叢書第五輯，全集以及淡生堂書目現在仍有傳世的，可爲明證。祁氏從承㸁的高祖司員起，世代簪纓相繼，是會稽的望族。而淡生堂也是明末著名的藏書樓，與四明范氏的天一閣相埒。清康熙年間祁氏家族始衰，淡生堂藏書散出時，成爲江南藏書家爭相收購的對象，呂晚村與黃梨洲原本是師弟，後來交惡互訐，卽是因收購淡生堂藏書所引起的。承㸁生於嘉靖四十四年，卒於崇禎元年（一五六五—一六二八），章學誠生於乾隆三年（一七三八），距祁氏之卒爲一百一十年，距淡生堂藏書散出之際約六十年，他對這樣一位鄉賢似乎不應一無所知。而且鮑氏刻淡生堂藏書約，正是章氏着手校讎通義的時候，明刻淡生堂集或者可以說因遭查禁而難得讀到，於知不足齋叢書本的淡生堂藏書約，似不應該謂爲未見。以古人之重視鄉賢，以章氏的博學多聞，且曾遍覽會稽的譜牒，對於一位著名的本鄉藏書前輩的編目方法，似不致毫無所聞。章氏創立互著與別裁兩種編目方法，但推本於原無其例的七略，支吾飾辯，而於祁承㸁及他所編的淡生堂書目曾無一語道及，殆係祁氏著作當時正遭禁燬之故。然而這兩種編目法，雖然發明於祁承㸁，但祁氏所用的「通」、「互」二名辭，不及章學誠氏改用的「別裁」與「互著」來得明晰，可以望文而知義，也不能不推許章氏改進的功績。

互著與別裁，誠然是部次我國內容龐雜的古籍而使之分類恰當，以便於查檢的兩種重要編目方法。我國前代的目錄書中常常有一部書重複著錄於兩類以上的情形。比如隋書經籍志中的嘉瑞記、祥瑞記二書，既載於史部雜傳類，又列於子部五行類；諸葛武侯集誡、曹大家女誡等書，既入子部儒家，集部總集中也收有其書；衆僧傳、高僧傳等書，既收雜傳，又入雜家。新唐志在儀注類既著錄有玉璽、國寶一類書，在雜傳記類又收了此等書。宋四庫書目於月令一書，在經部禮類及子部兵、農家等三類中均重複著錄（以上均見鄭樵校讎略編次之訛篇中所糾出）。崇文總目於兩同書，雜家及小說兩類均有著錄（見黃伯思東觀餘論所糾指）。鄭樵雖然對前代書目中一書兩載的編次錯誤情形指摘頗多，而他所編的通志藝文略中也不免有同樣重複分載的情形。據明焦竑國史經籍志糾謬所指出者，如素履子一書，儒家道家兩載，淮南子一書，道家雜家兩出，玉堂閑話一書，雜史小說兩類均載等等。其他的目錄書如周中孚鄭堂讀書記所糾擧的明文淵閣書目，在法帖及韻書兩類，都著錄有許愼說文解字這部書。至若宋史藝文志，所著錄重見迭出的書尤其多，僅據近人汪辟疆在所著目錄學研究一書中指出的就不下十多種，實無煩縷數。以上祇不過列舉已經前人所指出的，其他尚未見糾擧的目錄及書，還不在少數。至於同一部書，在甲目錄中著錄於此類，在乙目錄中則載之於彼類的情形，更是司空見慣。其緣由無他，因爲我國古籍中頗有內容複雜的書，著錄於此類中固然應該，若部次在另一類中也不悖旨，往往斟酌爲難，編目的人稍有失察，卽造成了前後歧出。或則是編目者不僅一人，見仁見智，各部次於其視作應入的部類中，所以難於一統。遇有這一類的古籍，倘若前人知道運用互著的編目法，一方面部次入本類，於其他適當的部類中也予以著錄，並注明互見本類，則編目的人旣省斟酌之勞，讀者也易於卽目以檢書，更可勿勞後人再來糾擧了。

至於別裁法，對於我國古籍的編目也非常重要。因爲書目本是因書而設置，俾便於據目來檢提書，所以書目的編次與書的置架須相契合，惟自宋以後的出版者，往往將一人或一家的著作彙編成爲全集，或是網羅各家的著作彙爲叢書，而此書中所包含的各種著作並非屬於同一門類學術者。設依全書來區類，固然置架取書方便，但其中與所隸屬的部類相異的著作則無法自書目上顯示出來，而無法使讀者據目來求書。假如這些彙編的書完全依據其內容分別部次，則全書又不便於折散分別置架，以使書與目相配合。倘若運用別裁編目法則此等困難皆可迎刃而解，只要在別裁而出的書名或篇卷下註明其所從出就可以了，如此則藏者與讀者兩獲其便。別裁法雖是最方便卽目以尋檢資料，但亦須運用適宜，不要使它流於瑣碎。章氏在校讎通義焦竑誤校漢志篇云：

或曰裁篇別出之法行，則一書之內，取裁甚多，紛然割裂，恐其破碎支離而無當也。答曰：學貴專家，旨存統要，顯著專篇，明標義類者。專門之要，學所必究，乃掇取於全書之中焉。章而飾之，句而釐之，牽率名義，紛然依附，則是類書纂輯之所為，而非著錄源流之所貴也。且如韓非之五蠹、說林，董子之玉杯、竹林，當時並以篇名見行於當世，今皆薈萃於全書之中，則古人著書，或離或合，校讎編次，本無一定之規也。月令之於呂氏春秋，三年問、樂記、經解之於荀子，尤其顯焉者也。然則裁篇別出之法，何為而不可以著錄乎？

依章氏的見解，雖然他反對有如類書式摘章釐句的別裁，但主張以篇為單位來別裁。只是我國的典籍，時代愈後，篇第愈富，如總集一類的書，一書之中，篇第動輒以千計，而別集與子書說部包含也非常廣泛，假若均裁篇別出，實際上有如篇目索引，對讀者而言，查檢雖然方便，然而非目錄書所當為。而且近代索引的編纂，已成為一項專門學問，或專編一書，或專編一類，都是網羅所有存世的書來加以編纂索引，實在毋庸一個收藏未必完備的圖書館的書目來越俎代勞。目錄書貴在鈎玄提要，而不是貪多務得，能夠將藏書予以條理分明的展示出來，指導讀者很容易地尋檢到他所研究需要的資料，就已經達到了一部書目的功效。是故別裁之法，宜仿祁承㸁氏裁卷別出即可，遇有彙輯的書或內容廣泛的書，其中所收的內容凡有與全書不同隸屬於一個部類者，即裁卷別出，標舉大題，著錄於它所應隸入的部類，而在下方注明其原在何書中。如此，則研究者按類索書，即不致於失檢了。

互著與別裁，無疑地是適應我國圖書的特性，能使分類趨於妥當的兩項編目輔助法。其法創始於明末的祁承㸁氏，而試驗於他所編的淡生堂書目。惟因此等編目法比較繁雜，而且祁氏的著作在清初遭受燬禁，所以未能發生影響。乾隆中章學誠又從而鼓吹，並託始於七略欲以推廣之，但也未收到效果，原因在清代的藏書家重視善本，而目錄學不甚發達之故。至近代才稍稍有運用其法編目的，如江蘇省立國學圖書館總目、日本京都人文科學研究所漢籍目錄等，雖然僅只將叢刻書別裁著錄，已給予讀者據目檢書以莫大的便利。倘能再推廣別裁其他典籍，及運用重複互著法，其成效當更顯著。此兩種方法是我國目錄學部次編目的精義所在，吾人不當畏其繁難，應予以推廣之。假若運用得宜，其功用較之西洋編目法中的標題目錄，實不遜色。

下篇　源流篇

第一章　七略時期的目錄——兩漢

一、別錄

漢劉向撰。自從秦始皇下焚書之令，燔滅詩書以後，中國古代的典籍，爲之蕩然不存。漢代統一天下，一改秦國的弊政，大收篇籍。惠帝廢除挾書之律，學者始能將其本業傳授於民間。武帝卽位，嘆書缺簡脫，禮壞樂崩，於是開獻書之路，詔求天下遺書，親自省校。並建藏書之策，置寫書之官，下及諸子傳說，悉充秘府。當時外有太常、太史、博士之藏，內有延閣、廣內、秘室之府。成帝時，秘藏之書，頗有散亡。河平三年（西元前二六年），使謁者陳農求遺書於天下，命光祿大夫劉向領校中秘書。漢書（卷三十六）楚元王傳云：

> 向字子政，本名更生。年十二，以父德任輦郎。弱冠，擢諫大夫。元帝初，爲散騎宗正給事中。以石顯等誣陷，中廢十餘年。成帝卽位，石顯等伏辜，更生乃復進用，更名向。向以故九

卿，召拜為中郎，使領護三輔都水，遷光祿大夫。上方精於詩書，觀古文，詔向領校中五經秘書。向乃集合洪範五行傳論奏之；序次列女傳以戒天子；及采傳記行事，著新序說苑凡五十篇。數上疏言得失，陳法戒，書數十上，以助觀覽，補遺闕。上嘉其言，常嗟歎之，以向為中壘校尉。向為人，簡易無威儀，廉靖樂道，不交接世俗，專積思於經術。晝誦書傳，夜觀星宿，或不寐達旦。年七十二卒。

又漢書藝文志大序云：

成帝時，以書頗散亡，使謁者陳農求遺書於天下。詔光祿大夫劉向校經傳、諸子、詩賦；步兵校尉任宏校兵書；太史令尹咸校數術；侍醫李柱國校方技。每一書已，向輒條其篇目，撮其指意，錄而奏之。

劉向備集中外之本，校正文字，釐定篇章。每校完一書，則條其篇目，撮其旨意，辨其訛謬，錄而奏之。當時或集其敍錄而別行，謂之別錄。案隋志簿錄類及新舊唐志目錄類著錄七略別錄二十卷，劉向撰。清姚振宗七略別錄佚文序云：劉向「典校既未及竣事，則別錄亦無由成書。相傳二十卷，殆子駿奏進七略之時勒成之，其曰七略別錄者，謂七略之外，別有此一錄。」姚氏將別錄之作者歸之劉歆。今考梁阮孝緒七錄序云：「昔劉向校書，輒爲一錄，論其指歸，辨其訛謬，隨竟奏上，皆載在本書。時又別集衆錄，謂之別錄，即今之別錄是也。」阮氏則以爲劉向於錄奏之同時，別寫敍錄一份，隨時增益，並非劉歆奏進七略時勒成。清章宗源隋書經籍志考證案禮記正義、儀禮疏、詩大雅疏、尙書疏、周禮疏、左傳疏、史記集解、索隱及兩漢書注諸書所引，並稱劉向別錄，皆無七略二字。今觀清代之校輯四庫全書，雖告成於乾隆四十七年，而至五十七年仍未校訂完畢。至於總目提要，則三十八年即已進呈，四十一年且有令編刊頒行之諭，全部完成，亦先於全書一年。而書成目成之後，校錄之事，仍未停止。則知別錄之成書，不必待劉歆校畢之後。時人急於先睹爲快，早已隨時傳錄，流行於民間。由此可知，別錄乃係劉向各書敍錄之別錄，非劉歆七略之別錄。隋志、新舊唐志加七略二字於別錄之上，乃習俗流傳之誤，姚氏歸之劉歆，則昧於事實。劉向別錄，宋以後不傳，清代有洪頤宣經典集林、嚴可均全漢文、馬國翰玉函山房輯佚書、姚振宗快閣師石山房叢書諸輯本，皆一卷。

二、七略

漢劉歆撰。最初，劉向受詔領校秘書，幼子劉歆輔佐其事，凡有撰述，歆無不參與。劉向卒後，漢哀帝令劉歆承繼父業。校書工作完畢後，劉歆把原貯藏在溫室中的書全部移到天祿閣上，於是總括羣書，奏其七略。楚元王傳云：

> 向少子歆，最知名。歆字子駿，少以通詩書能屬文召見成帝，待詔宦者署，為黃門郎。河平中，受詔與父向領校秘書，講六藝、傳記、諸子、詩賦、數術、方技，無所不究。向死後，歆復為中壘校尉。哀帝初即位，大司馬王莽舉歆宗室有材行，為侍中太中大夫，遷騎都尉、奉車光祿大夫，貴幸，復領五經，卒父前業。歆乃集六藝羣書，種別為七略。歆以建平元年，改名秀，

字穎叔。

案劉向卒於成帝綏和二年，是年哀帝卽位，劉歆受命嗣父業。翌年改名秀，今傳之上山海經表，卽用秀名。同年以移書讓太常博士，觸怒大司空師丹，是年秋天被策免。懼誅，出守於外。則劉歆之奏七略，當在哀帝建平元年春夏間。漢書藝文志云：

會向卒，哀帝復使向子侍中奉車都尉卒父業。歆於是總羣書而奏七略：故有輯略，有六藝略，有諸子略，有詩賦略，有兵書略，有數術略，有方技略。

又阮孝緒七錄序云：

劉向校書……子歆撮其指要，著爲七略。其一篇，卽六篇之總最，故以輯略爲名。次六藝略、次諸子略、次詩賦略、次兵書略、次數術略、次方技略。

案劉歆七略、隋唐諸志著錄皆作七卷，原書已不可見。淸代有洪頤煊、章宗源、嚴可均、馬國翰、姚振宗諸氏輯本。漢書藝文志云：「今删其要，以備篇籍。」知漢志係删七略而成。雖章宗源隋書經籍志考證曾證二目略有異同，然大體固無甚出入。輯略乃條別學術之源流，班固散之爲小序，而非類略外，玆據漢志列其六略類次如左：

六藝略——易、書、詩、禮、樂、春秋、論語、孝經、小學九類。

諸子略——儒家、道家、陰陽家、法家、名家、墨家、縱橫家、雜家、農家、小說家十類。

詩賦略——賦甲（屈原賦等二十家）、賦乙（陸賈賦等二十一家）、賦丙（孫卿賦等二十五家）、雜賦、歌詩五類。
兵書略——權謀、形勢、陰陽、技巧四類。
數術略——天文、歷譜、五行、蓍龜、雜占、形法六類。
方技略——醫經、經方、房中、神仙四類。

凡六略三十八類，著錄六〇三家，一萬三千二百一十九卷（古今書最）。據上所引，大綱細目，條理井然，新創有系統的圖書分類法，不能不推爲目錄學之初祖。

三、漢書藝文志

漢班固撰。漢書敍傳云：

彪有子曰固，弱冠而孤，作幽通之賦，以致命遂志。固以為唐虞三代詩書所及，世有典籍，故雖堯舜之盛，必有典謨之篇。然後揚名於後世，冠德於百王，故曰巍巍乎其有成功，煥乎其有文章也。漢紹堯運，以建帝業，至於六世。史臣乃追述功德，私作本紀，編於百王之末，廁於秦項之列。太初以後，闕而不錄。故探纂前記，綴輯所聞，以述漢書。起於高祖，終於孝平王莽之誅，十有二世，二百三十年。綜其行事，旁冠五經，上下洽通，為春秋考紀、表、志、傳凡百篇。

案班固字孟堅，扶風安陵人，望都長彪子。年九歲能屬文、誦詩書，及長，博通經籍，九流百家之言，無不窮究。明帝時爲校書郎，除蘭臺令史，典校秘書。隋書經籍志云：

> 光武中興，篤好文雅，明章繼軌，尤重經術。四方鴻生鉅儒負袠自遠而至者，不可勝算。石室蘭臺，彌以充積。又於東觀及仁壽閣集新書，校書郎班固、傅毅等典掌焉，並依七略而爲書部。

根據隋志的記載，後人以爲東漢初年官編目錄有蘭臺、東觀、仁壽閣三種。然案七錄序云：「歆總括羣籍，奏其七略。及後漢蘭臺，猶爲書部。又於東觀及仁壽閣撰集新記，校書郎班固、傅毅並典秘籍。固乃因七略之辭，爲漢書藝文志。」「猶爲書部」是說依七略分類爲書之部次，未嘗編撰目錄。至於東觀及仁壽閣所撰之新記，據近人余嘉錫考證，卽謂東觀漢記，乃當時國史，非目錄書（見目錄學發微），隋志敍述此事文義不明，後人遂誤以東觀書部爲書目。班固撰漢書百篇，始採七略刪訂以爲藝文志，立後世史書志藝文之楷模。

漢志著錄六略三十八類，五百九十六家，一萬三千二百六十九卷（古今書最）。與七略校之，類無增減，然少七家，增五十卷。班固自注云：「入三家五十篇，省兵十家。」所增三家爲劉向、揚雄、杜林。五十篇卽書入劉向稽疑一篇，小學入揚雄、杜林二家三篇，儒家入揚雄三十八篇，賦入揚雄八篇。所省十家爲伊尹、太公、管子、孫卿子、鶡冠子、蒯通、陸賈、淮南王、蘇子、墨子。又漢志部次與七略亦不盡相同，如史記管晏列傳正義引七略云：「管子十八篇在法家。」而漢志管子八十六篇在道家。軍禮司馬法，七略本在兵權謀中，班氏改隸禮家。蹴鞠二十五篇，七略本在雜家，班氏則改入兵技巧內。由此可知，班氏猶能權宜適應，並不墨守成規。後人對漢志之評價，論者不一。鄭樵校讎略云：

閒有七略所無而班氏雜出者，則躓矣。揚雄所作之書，劉氏蓋未收，而班氏始出。若之何以太玄法言樂箴三書合為一總，謂之揚雄所敘三十八篇，入於儒家類。按儒家舊有五十二種，固新出一種，則揚雄之三書也。且太玄、易類也，法言、諸子也，樂箴、雜家也，奈何合為一家。是知班固胸中，元無倫類。

案揚雄所序三十八篇，固自注云：「太玄十九，法言十三，樂四，箴二。」實爲四書，鄭樵說是三書，實誤。太玄擬易而非周易，與法言擬論語同爲諸子之言。樂、箴二書久已不傳，鄭樵亦不詳其內容，何以知非諸子之學？鄭樵尊崇隋志，而隋志於太玄、法言皆隸儒家，鄭樵隻字未提。則他對漢志的譏評，並非公允之言。清儒金榜說：「不通漢藝文志，不可以讀天下書。藝文志者，學問之眉目，著述之門戶也。」（十七史商榷引）劉向別錄、劉歆七略今已失傳，治學考源，必有取資。漢志縱使在分類上有未妥之處，然而後世書目，大都依據漢志而損益，則其價值不待言而明。

四、後漢藝文志

晉袁崧撰。晉書八十三袁瓌傳云：

崧字山松，喬孫，嗣爵湘西伯。少有才名。博學能文，著後漢書百篇。襟情秀遠，善音樂，舊歌有行路難曲，辭頗疏質，山松好之，為文其辭句，每因酒酣縱歌之，聽者莫不流涕。初，羊曇善唱歌，桓伊能挽樂，乃山松行路難繼之。時人謂之三絕。歷官吳郡太守，孫恩之亂，山松守滬瀆城，城陷被害。

案後漢書作者頗衆，據隋志所載，凡有漢劉珍、吳謝承、晉薛瑩、司馬彪、華嶠、謝沈、張瑩、袁山松、劉宋范曄等數家，今僅范曄後漢書及司馬彪續漢志傳世。范書無志，彪書未志藝文。案史通書志篇云：「班漢定其流別，編爲藝文志。論其妄載，事等上篇。續漢已還，祖述不暇。夫前志已錄，而後志仍書，篇目如舊，頻煩互出，何異以水濟水，誰能飲之乎？」知幾立論之謬自不待言，但據劉氏言「續漢以還，祖述不暇。」知諸家後漢書中，當亦有志藝文者，然今已不能詳考。可考見者，唯袁山松一家而已。阮氏七錄序云：「固乃因七略之辭，爲漢書藝文志，其後有著述者，袁山松亦錄在其書。」又古今書最載：「袁山松後漢藝文志，書若干卷（案書下當有佚文），八十七家亡。」記述不詳，不知其著錄之體制如何？然據七錄序，其分類當亦仿漢志。又據史通言：「前志已錄，而後志仍書。」知其仍兼錄前朝之書，並不斷代。明胡應麟經籍會通以爲後漢藝文志爲謝承所作，實誤。案袁山松後漢書一百卷，隋志著錄九十五卷，則唐初以前，已有闕佚，宋以後不傳。

總而言之，兩漢之目錄，以劉向別錄、劉歆七略、班固漢書藝文志爲極則。別錄既已不傳，據漢志所稱向校書時，皆由專家分任校讎。已有六藝、諸子、詩賦、兵書、數術、方技諸目。則向書之類別，已開七略之先。班志雖取六略以志藝文，大體亦沿襲七略之分類。因此兩漢目錄雖多，皆可以七略統轄之。談到它們的流別，別錄是後代解題提要之祖，七略爲分類編目之宗，班志示史家目錄之準則。三家派別雖然不同，而同爲後世目錄學的鼻祖則一。

第二章　四部時期的目錄——魏晉

學術隨時代而變遷，故著錄的體制，不能一成不變。魏晉以來，學術日漸分歧，典籍愈來愈多。兩漢以前，史書附屬於經，劉歆班固都說明它們的源流，因此太史公書可以附屬於春秋。後代紀傳之書日漸增多，流別亦較龐雜，春秋一類，難以包括一切史書。且魏晉時代崇尚玄談，最初祖述老莊，繼而乞靈服餌。繁言龐雜，愈出愈歧，諸子略中的道家，難以概括；方技略中的房中，亦無法盡錄。且類輯的書籍，創於魏代，鈔輯的體裁，亦始於晉朝。這些書籍，有經有史，或儒或墨。已無從遵守七略之分類法，於是不得不別用概括之法。因此出附庸爲大國，納細流於巨川。四部分類法，於是乘時而起。

一、魏中經

魏鄭默撰。晉書本傳云：

默，袞子，字思玄。為人敦重，柔而能整。仕魏為秘書郎，考覈舊文，刪省浮穢。中書令虞松謂曰：「而今而後，朱紫別矣。」

案鄭默中經乃默仕魏爲秘書郎時所作。阮孝緒七錄序云：「魏晉之世，文籍逾廣，皆藏在秘書中外三閣。魏秘書郎鄭默刪定舊文；時之論者，謂爲朱紫有別。」其目不見著錄，鄭氏區類如何，亦不得而知。七錄序及隋志不言其體例有所變更，想必沿襲七略之分類。

二、晉中經新簿

晉荀勗撰。晉書本傳云：

勗，與曾孫，字公會。仕魏累官侍中。入晉，封濟北郡公，拜中書監，進光祿大夫。掌樂事，修律呂，正雅樂。領秘書監，與中書令張華整理記籍，又得汲郡冢中古文竹書，詔勗撰次，以為中經，列在秘書。

阮孝緒七錄序亦云：

晉領秘書監荀勗因魏中經，更著新簿，分為十有餘卷，而總以四部別之。

據隋書經籍志序記載，荀勗所著中經新簿，總括羣書，變七略之體，分爲甲乙丙丁四部：

甲部——紀六藝及小學等書。

乙部——有古諸子家、近世子家、兵書、兵家、數術。

丙部——有史記、舊事、皇覽簿、雜事。

丁部——有詩賦、圖贊、汲冢書。

古今書最云：「凡四部書一千八百八十五部，二萬九百三十五卷。其中十六卷佛經書簿少二卷，不詳所載多少。」第三句語義不明。案隋志著錄晉荀勗中經十四卷，大概此目原有十六卷，梁時已缺佛經簿書二卷，僅存十四卷。另外還附有佛家經典，不在四部之中。這部目錄是我國圖書以四部分類的開端，雖然四部的次序，要等到晉元帝時李充才確定。而後來南北朝以迄隋代的各目錄，或有將佛經道經書附列在書目之後，也以中經新簿爲先導。隋志序批評此目說：「但錄題及言，盛以縹囊，書用緗素；至於作者之意，無所論辨。」因爲荀勗整理典籍，重在收藏檢點，故盛以縹囊。而四部之內，不再分類，因爲中經新簿僅是一部收藏的簿錄，如同明代的文淵閣書目，並非目錄家的目錄。雖然它的部次零亂，例如皇覽史記並列，汲冢書不入丙部而附於丁部，兵書與兵家分列，令人不解其意。然而它能因時損益，變更七略的成法，而改爲四部分類，不能不推崇它的草創之功。中經新簿，新舊唐志尚有著錄，宋以後不傳。

三、晉元帝四部書目

晉李充撰。晉書本傳云：

> 充字弘度，江夏人。重弟，矩之子。善楷書，妙參鍾索。為王導記室參軍。幼好刑名之學，深抑虛浮之士。遷著作郎。於時典籍混亂，充刪除繁重，以類相從，分作四部。秘閣以為永制。

累遷中書侍郎。

阮孝緒七錄序云：

惠懷之亂，其書略盡，江左草創，十不一存。後雖鳩集，淆亂已甚，及著作佐郎李充始加刪正。因荀勗舊簿四部之法，而換其乙丙之書，沒略衆篇之名，總以甲乙為次，自時厥後，世相祖述。

隋書經籍志序云：

東晉之初，著作郎李充以勗舊簿訂校之，其見存者，但有三千一十四卷，充遂總沒衆篇之名，但以甲乙為次。自爾因循，無所變革。

清錢大昕元史藝文志序云：

晉荀勗撰中經簿，始分甲乙丙丁部，而子猶先於史。至李充為著作郎，重分四部，五經為甲部，史記為乙部，諸子為丙部，詩賦為丁部。而經史子集之次始定。

根據以上各書的記載，知道晉朝經過五胡之亂以後，典籍散失殆盡，晉元帝東遷江左，命李充重編秘閣藏書目，當時因爲內府的藏書甚少，僅只有三千零一十四卷，充於是但以甲乙丙丁四部部次圖書，其下不再標舉子目，又將荀勗中經之乙丙兩部先後互換，於是歷史類書部次在諸子書之前，成了甲經、乙史、丙子、丁集的順序。李充的分類編目法成爲南北朝迄隋代秘閣藏書編目所遵循的制度，他所立下的四部順序歷時迄今千餘年而未有改易。李充所編的晉元帝書目不僅四部分類影響於後世，他僅載書目，不撰敍錄，也爲南北朝隋代秘閣編目所沿襲。此目隋志未著錄，僅見於七錄序。古今書最載，凡著錄三百零五袠，三千零一十四卷。

四、晉義熙以來新集目錄

晉邱淵之撰。東晉末季，安帝義熙四年，淵之作新集目錄三卷。淵之字思玄，吳興烏程人。博學有才識。劉宋文帝時歷官侍中吳郡太守，有文章一百卷，宋書及南史附見顧琛傳。邱淵之所撰目錄，史傳及七錄、隋志序均未敍及，其詳不可得知。既然李充的晉元帝書目成爲秘閣藏書編目所遵行的書目，想必此目也是用四部分類法。且僅三卷，當有目無錄，而冒用了目錄之名。古今書最載晉義熙四年秘閣四部目錄，脫卷數。隋志著錄作晉義熙以來新集目錄三卷，新舊唐志同，當卽一書。唯唐志題邱深之，唐人避諱，改淵爲深。此目宋以後不傳。

魏晉兩朝的目錄書，可以考的僅以上四種。玉海卷五十二晉目錄下引續晉陽秋云：「孝武寧康十六年，詔著作郞徐廣校秘閣四部見書，凡三萬六千卷。」案孝武寧康四年改元太元元年，無十六年。文中只說徐廣校書，並沒有明言撰成目錄，因此不足爲據。前面所敍四種書目，今皆不傳，鄭默中經之分類，已不可知。四部分類法，雖然發端於荀勗，確定於李充。然而，我們仍可溯源到劉歆的七略。如甲部卽六藝略；乙部從六藝略的春秋家分出，而獨立成部；丙部將諸子、兵書、數術、方技四略滙合而成；丁部卽詩賦略。由此可見，七略與四部，僅開合之有異同，可能鄭默中經，已開其端。

圖書分類，不外「質」與「體」二種標準。所謂「質」，即書的內容。分類崇「質」者，即依書的學術內容來歸類。所謂「體」，即書的著作體裁。分類主「體」者，即按書的體裁來歸類，而漠視其學術內容。劉歆的七略，分類主質，重視學術的流別，荀勗的四部，分類主體，故以政制混入道術（如兵家、數術同入乙部），而學術的源流，遂無從考索了。章學誠氏認爲七略能上承六典，明學術的淵源，而四部不能不以書籍亂部次。然而七略之分類法雖好，但是以之行於魏晉，亦必難以適合。因爲學術隨時代而不斷變遷，古代的學術，有興有替。名墨縱橫之說，愈後而愈少；紀傳詩賦之文，則愈後而愈多。七略不能不變爲四部，實勢所必至。

第三章　七略四部互競時期的目錄——南北朝隋

東晉以後以迄隋代，秘閣的藏書目雖沿用李充所定下的四部分類法，然四部法只着重按書的體裁分類而漠視書的本質，依據書目無從考索學術的源流，故私家編目並不悉遵，仍承襲劉歆七略法而改進其部次，以與四部法相抗衡。自宋迄隋，爲此二類目錄形成互競的時期。玆分別概述如下：

甲、四部分法

一、宋元嘉八年秘閣四部目錄

宋謝靈運撰。靈運，陽夏人，玄孫，襲封康樂公。博學工書畫，詩文縱橫俊發，獨步江左。歷官永嘉太守、臨川內史。縱情山水，不理政務，謫徙廣州。後有言其謀叛者，拘斬之，宋書有傳。宋太祖卽位，徵爲秘書監，令他整理秘閣藏書，撰定四部書目。阮孝緒古今書最云：「宋元嘉八年秘閣四部目錄，一千五百六十四袠，一萬四千五百八十二卷，五十五袠，四百三十八卷佛經。」案隋書經籍志云：「其後中朝遺書，稍流江左。宋元嘉八年，秘書監謝靈運造四部目錄，大凡六萬四千五百八十二卷。」「六萬」當爲「一萬」之誤，舊唐志作四千五百八十二卷，或有脫文，當以阮氏七錄序爲正。這部目錄所著錄的已遠超過東晉初年李充所著錄的數目了。雖稱爲四部書目，而仿荀勗的體例，將佛經附在書後，其實是五部分法。此目宋以後不傳。

二、四部書大目

宋殷淳撰。南史本傳云：

淳字粹遠，景仁從祖弟也。少好學，有美名。歷中書黃門侍郎，應留直省，以父老，特聽還家。高簡寡慾，早有清尚，愛好文義，未嘗違捨。在秘書閣，撰四部書大目，凡四十卷，行於世。

案四部書大目，隋志及舊唐志未著錄，新唐志載殷淳四部書序錄三十九卷，則其書當有小序及敍錄，唯宋以後不傳，不詳其體例及著錄部帙若干。

三、宋元徽元年四部書目錄

宋王儉撰。案王儉字仲寶，瑯邪臨沂人，廢帝元徽元年爲秘書丞，撰定四部書目，另外又撰七志四十卷，上表獻給廢帝，文辭甚爲典雅，南齊書有傳。七志是王儉私撰的目錄，故不依四部分類，而改從七略，說詳於後。元徽四部書目是官撰的目錄，故遵從秘閣的舊制，依四部分類。目凡四卷，阮孝緒古今書最云：「宋元徽元年秘閣四部書目錄，二千二十帙，一萬五千七十四卷。」案隋志作一萬五千七百四卷，舊唐志作五千七十四卷，或有譌脫。此目宋以後不傳。

四、齊永明元年秘閣四部目錄

齊王亮、謝朏撰。南史王亮傳云：

> 亮字奉叔，瑩從父弟也。亮以名家子、宋末選尚公主，拜駙馬都尉。歷任秘書丞。

又謝朏傳云：

> 朏字敬沖，莊子。幼聰慧，莊器之。十歲，能為文。齊高帝輔政，選為驃騎長史，進侍中，領秘書監。

又阮孝緒七錄序云：

> 齊秘書丞王亮、監謝朏等，並有新進更撰目錄。

古今書最云：「齊永明元年秘閣四部目錄，五千，新足，合二千三百三十二帙，一萬八千一十卷。」

隋志不著錄，知隋時已失傳。

五、梁天監六年秘閣四部書目錄

梁任昉、殷鈞撰。阮孝緒七錄序云：

齊末兵火，延及秘閣，有梁之初，缺亡甚衆，爰命秘書監任昉躬加部集。

又南史殷鈞傳云：

殷鈞字季和，晉荊州刺史仲堪五世孫。好學，有思理。善隸書，好當世楷法。梁武帝以女永興公主妻鈞，拜駙馬都尉。歷秘書丞，在職啓校定秘閣四部書，更為目錄。又受詔料檢西省法書古迹，列為品目。

隋志著錄此目凡四卷。古今書最云：「梁秘書丞殷鈞，撰秘閣四部目錄，書少於文德殿書，故不錄其數也」。

六、梁東宮四部目錄

梁劉遵撰。南史本傳云：

遵字少陵，覽弟。有學行，工屬文。為晉安王綱宣惠雲麾二府記室，甚見賓禮。王立為太子，仍除中庶子。遵自隨藩及在東宮，以舊恩偏蒙寵遇，時輩莫及。卒官。皇太子與遵從兄少儀令云：賢從弟中庶，文史該富，琬琰為心，辭章博贍，玄黃成采。

隋志著錄此目凡四卷。

七、梁文德殿四部目錄

梁劉孝標撰。南史本傳云：

峻字孝標，本名法武，奔江南，改名峻。博極羣書，文藻秀出。梁天監中，初召入西省，與賀縱典校秘閣

隋書經籍志序云：

梁初秘閣經籍，任昉躬加部集。又於文德殿列藏衆書，大凡二萬三千一百六卷，而釋氏不與焉。

阮孝緒七錄序云：

齊末兵火，延及秘閣，有梁之初，缺亡甚衆。爰令秘書監任昉躬自部集。又於文德殿內別藏衆書，使學士劉孝標等重加校進，乃分數術之文，更為一部，使奉朝請祖暅撰其名錄。其尚書閣內，別藏經史雜書。華林園又集釋氏經論。自江左篇章之盛，未有踰於當今者也。

由此可知，梁有五部目錄。古今書最云：「梁天監四年文德正御四部及術數書目錄，合二千九百六十八袠，二萬三千一百六卷。」隋志著錄此目凡四卷，新舊唐志不著錄，知此目唐以後不傳。

梁朝以四部分類的書目除上述三種爲官修之外，私家目錄可考的尚有二家。梁書任昉傳云：

自齊永元以來，秘書四部，篇卷紛雜，昉手讎校，由是篇目定焉。家雖貧，聚書至萬餘卷，率多異本。昉卒後，高祖使學士賀縱共沈約勘其書目，官所無者，就昉家取之。

由此可知任昉除校編秘閣書目外，他的私人藏書也編有書目，可以說是私家藏書編撰書目的開端。至於他藏書目錄的分類，史傳不言有所改變，想必仍是依據四部分法。又梁書文學傳云：

劉杳字士深，平原平原人也。少好學，博綜羣書，沈約、任昉以下，每有遺忘，皆訪問焉。自少至長，多所著述，撰古今四部書目五卷行於世。

由此可知劉杳撰有古今四部書目五卷，此目隋志不著錄，可能隋代已失傳。從它的書名來看，當爲古今典籍的簿錄，而非私人收藏的書目，此目既然名爲四部書目，當依四部分類。我國古代官私書目都是著錄現藏的書，至於說到採輯當時目錄書所有，而不必親見其書，前人多以爲阮孝緒七錄所首創。案七錄序云：

通人平原劉杳從余遊，因說其事。杳有志積久，未獲操筆，聞余已先著鞭，欣然會意，凡所抄集，盡以相與，廣其聞見，實有力焉。斯亦康成之於傳釋，盡歸子愼之書也。

既言「凡所抄集，盡以相與。」可知阮氏曾經獲得劉杳所抄的古今四部書目，那麼採輯古今典籍，未必自藏或現存，當以劉杳古今四部書目爲最早。阮氏及後來的鄭樵、馬端臨、焦竑、黃虞稷諸人，對於未見之書，則據他家入錄，實源於此。

自從晉朝荀勗著中經新簿，改變七略法，另創四部分類，李充又將荀勗乙丙兩部所著錄的書的地位先後互換，成爲秘閣藏書編目所遵循的制度。從晉到南朝，所謂四部，只稱甲乙丙丁，雖然臧榮緒晉書說李充的四部書目：「五經爲甲部，史記爲乙部，諸子爲丙部，詩賦爲丁部」（文選卷四十六任昉王文憲集序李善注引），已具有後世所謂四部的規模，然當時尚無經史子集的部名。自從歐陽修撰新唐書藝文志序，以經史子集爲四部之名起於唐朝，後世多從其說。然而根據北齊書顏之推傳顏氏觀我生賦自注云：

> 王司徒表送秘閣舊書八萬卷，乃詔比校部分，為正御、副御、重雜三本。左民尚書周弘正、黃門郎彭僧朗、直省學士王珪、戴陵校經部。左僕射王褒、吏部尚書宗懍、員外郎顏之推、直學士劉仁英校史部。廷尉卿殷不害、御史中丞王孝純、中書郎鄧藎、金部郎中徐報校子部。右衞將軍庾信、中書郎王固、晉安王文學宗菩業、直省學士周確校集部也。

梁元帝喜好圖書，討平侯景之亂以後，命王僧辯將建鄴文德殿的藏書及公私經籍，悉數運到江陵，命周弘正等分別經史子集而加以整理校勘，這是自晉以來四部明稱經史子集以代替甲乙丙丁之始，前人以爲經史子集爲四部之名起於唐朝，實誤。但是一直到隋唐時代，四部之名仍爲甲乙丙丁，也有稱經史子集的。大抵甲乙舉其部而言，經史舉其書而言，故新舊唐志二名兼用，曰某部某錄。自宋以後，就不再用甲乙丙丁了。梁元帝時代的校書，是一次大規模的校勘工作，然而未聞有目錄傳世，在北史宗懍、庾信等人的傳記中均未記載此書，大概編校工作並未完成，而西魏軍已經南下，江陵殘破，元帝將所聚的十餘萬卷藏書全部焚毀，這是我國圖書史上的一大厄運。

八、陳天嘉六年壽安殿四部目錄

隋志著錄，凡四卷，不著撰人。新舊唐志卷同。隋書經籍志序云：

梁元帝收文德殿之書，公私經籍，歸於江陵，大凡七萬餘卷。周師入郢，咸自焚之。陳天嘉中，又更鳩集，收其篇目，遺闕尚多。

九、陳德教殿四部目錄

隋志著錄，凡四卷，不著撰人。通志藝文略亦載此目，卷同。

十、陳承香殿五經史記目錄

隋志著錄，凡二卷，不著撰人。通志藝文略亦載此目，卷同。

十一、甲乙新錄

北魏盧昶撰。晉元帝渡江以後，中原淪爲異族統制，不聞有校書編目之事。元魏興起，平定中原，至孝文帝時，敦尚儒術，於是文教興盛。遷都洛邑，曾向齊朝借書抄寫，以充實秘閣藏書。當時秘書丞盧昶曾撰甲乙新錄。魏書儒林孫惠蔚傳云：

世宗卽位之後（案世宗者，文帝子宣武帝廟號。），自冗從僕射遷秘書丞。惠蔚旣入東觀，見典籍未周，乃上疏曰：「秦棄學術，禮經泯絕，漢興求訪，典籍載擧。曁光武撥亂，日不暇給，而入洛之書，二千餘兩。魏晉之世，尤重墳典，收亡集逸，九流咸備。觀其鳩閱史篇，訪購經論，紙竹所載，略盡無遺。臣學闕通儒，廁班秘省，忝官承乏，惟書是司。而觀閱舊典，先無定目，新故雜糅，首尾不全。有者累帙數十，無者曠年不寫。或篇第褫落，始末淪殘，或文壞字誤，謬爛相屬。篇目雖多，全定者少。臣請依前丞臣盧昶所撰甲乙新錄，欲裨殘補闕，損併有無，校練句讀，以為定本，次第均寫，永為常式。其省先無本者，廣加推尋，搜求令足。然經記浩博，諸子紛綸，部次旣多，章篇紕繆，當非一二校書歲月可了。今求令四門博士及在京儒生四十人，在秘書省專精校考，參定字義。如蒙聽許，則典文允正，羣書大集。」詔許之。

案盧昶所撰甲乙新錄，僅見於此，隋志略而不言。考魏書昶附見其曾祖父盧玄傳，末云：「轉秘書丞，景明初，除中書侍郎。」景明爲宣武帝卽位後改元，則盧昶爲秘書丞撰甲乙新錄，正在孝文帝時。

十二、魏闕書目錄

隋志著錄，凡一卷，不著撰人。通志藝文略亦載此目，卷同。

北齊的政治，上暴下亂，然而對於文史方面，却頗爲留意。高洋就曾經令樊遜校書，北齊書文苑傳云：

樊遜字孝謙，河東北猗氏人也。七年（文宣之天保七年），詔令校定羣書供皇太子。時秘府書籍，紕繆者多，遜乃議曰：「按漢中壘校尉劉向受詔校書，每一書竟表上，輒言臣向書、長水校尉臣參書、大夫公太常博士書、中外書合若干本，以相比校，然後殺青。今所讎校，供擬極重，出自蘭臺，御諸甲館，向之故事，見存府閣，卽欲刊定，必藉衆本。太常卿邢子才、太子少傅魏收、吏部尚書辛術、司農少卿穆子容、前東門郎司馬子瑞、故國子祭酒李業興並是多書之家，請牒借本，參校得失。」秘書監尉景移尚書都坐，凡得別本三千餘卷，五經諸史，殆無遺闕。

隋志謂，「迄於後主之世，校寫不輟」，牛弘言「驗其本目，殘闕猶多」，可見當時亦撰有目錄，惟史傳並無記載，故不知其詳。

北周政教，優於北齊。然時值喪亂，故搜集之書籍甚少。明帝曾令羣臣於麟趾殿校書，周書明帝紀云：

帝幼而好學，及卽位，集公卿巳下有文學者八十餘人於麟趾殿，刊校經史。

由此足以證明當時仍留心文史。唐封演封氏聞見記卷二云：「後周定目，書止八千。」可見當時亦曾編有書目，惟史傳並無記載，故不知其詳。

十三、開皇四年四部目錄

隋牛弘撰。隋文帝卽位，開皇三年從牛弘的建議，派遣使者搜訪遺書，收集了許多民間的異本。平陳以後，經籍逐漸完備，於是編次繕寫，並撰爲目錄。隋書經籍志序云：

隋開皇三年，秘書監牛弘表請分遣使人搜訪異本。每書一卷，賞絹一匹，校寫旣定，本卽歸主，於是民間異書，往往間出。及平陳以後，經籍漸備。檢其所得，多太建時書，紙墨不精，書亦拙惡。於是總集編次，存為古本。召天下工書之士京兆韋霈、南陽杜頵等，於秘書內補續殘缺，為正副二本，藏於宮中，其餘以實秘書內外之閣，凡三萬餘卷。

隋書（卷四十九）牛弘傳云：

弘字里仁，安定鶉觚人也。本姓尞氏，好學博聞。開皇初，遷授散騎常侍、秘書監。弘以典籍遺逸，上表請開獻書之路，曰：「經籍所興，由來尚矣。爻畫肇於庖羲，文字生於蒼頡。聖人所以弘宣教導，博通古今，揚於王庭，肆於時夏。故堯稱至聖，猶考古道而言；舜其大智，尚觀古人之象。周官外史，掌三皇五帝之書，及四方之志。武王問黃帝顓頊之道，太公曰：在丹書，是知握符御歷，有國有家者，曷嘗不以詩書而為教，因禮樂而成功也。昔周德旣衰，舊經紊棄。孔子以大聖之才，開素王之業，憲章祖述，制禮刊詩，正五始而修春秋，闡十翼而宏易道。治國立身，作範垂法。及秦皇馭宇，呑滅諸侯，任用威力，事不師古，始下焚書之令，行偶語之刑。先王墳籍，掃地皆盡，本旣先亡，從而顚覆。臣以圖讖言之，經典盛衰，信有徵數。此則書之一厄也。漢興，改秦之弊，敦尚儒術，建藏書之策，置校書之官，屋壁山岩，往往間出。外有太常、太史之藏，內有延閣、秘書之府。至孝成之世，亡逸尚多，遣謁者陳農求遺書於天下，詔劉向父子讐校篇籍，漢之典文，於斯為盛。及王莽之末，長安兵起，宮室圖書，並從焚燼。此則書之二厄也。光武嗣興，尤重經誥，未及下車，先求文雅。於是鴻生鉅儒，繼踵而集，懷經負帙，不遠斯至。肅宗親臨講肄，和帝數幸書林，其蘭臺、石室、鴻都、東觀，秘牒填委，更倍於前。及孝獻移都，吏民擾亂，圖書縑帛，皆取為帷囊。所收而西裁七十餘乘，屬西京大亂，一時燔蕩。此則書之三厄也。魏文代漢，更集經典，皆藏在秘書內外三閣，遣秘書郎鄭默刪定舊文，時之論者美其朱紫有別。晉氏承之，文籍尤廣。晉秘書監荀勗定魏內經，更著新簿。雖古文舊簡，猶云有缺，新章後錄，鳩集已多，足得恢弘正道，訓範當世。屬劉、石憑陵，京華覆滅，朝章國典，從而失墜。此則書之四厄也。永嘉之後，寇竊競興，因河據洛，跨秦帶趙。論其建國立家，雖傳名號，憲章禮樂，寂滅無聞。劉裕平姚，收其圖籍，五經子史，纔四千卷，皆赤軸青紙，文字古拙。僭僞之盛，莫過二秦，以此而論，足可明矣。故知衣冠軌物，圖書記注，播遷之餘，皆歸江左。晉宋之際，學藝為多，齊梁之間，經史彌盛。宋秘書丞王儉，依劉氏七略，撰為七志。梁人阮孝緒，亦為七錄。總其書數，三萬餘卷。及侯景渡江，破滅梁室，秘省經籍，雖從兵火，其文德殿內書史，宛然猶存。蕭繹據有江陵，遣將破平侯景，收文德之書，及公私典籍，重本七萬餘卷，悉送荊州。故江表圖書，因斯盡萃於繹矣。及周師入郢，繹悉焚之於外城，所收十纔一二。此則書之五厄也。後魏爰自幽方，遷宅伊洛，日不暇給，經籍闕如。周氏創基關右，戎車未息，保定之始，書止八千，後加收集，方盈萬卷。高氏據有山東，初亦採訪，驗其本目，殘闕猶多。及東夏初平，獲其經史，四部重雜，三萬餘卷，所益舊書，五千而已。今御書單本，合一萬五千餘卷，部帙之間，仍有殘缺。比梁之舊目，止有其半。至於陰陽河洛之篇，醫方圖譜之說，彌復為少。臣以經書自仲尼已後，迄於當今，年踰千載，數遭五厄，興集之期，屬膺聖世。伏惟陛下受天明命，君臨區宇，功無與二，德冠往初。自華夏分離，彝倫攸斁，其間雖霸王遞起，而世難未夷，欲崇儒業，時或未可。今土宇邁於三王，民黎盛於兩漢，有人有時，正在今日。方當大弘文教，納俗升平，而天下圖書尚有遺逸，非所以仰協聖情，流訓無窮者也。臣史籍是司，寢興懷懼。昔陸賈奏漢祖云『天下不可馬上治之。』故知經邦立政，在於典謨矣。為國之本，莫此攸先。今秘藏見書，亦足披覽，但一時載籍，須令大備。不可王府所無，私家仍有。然士民殷雜，求訪難知，縱有知者，多懷恡惜，必須勒之以天威，引之以微利。若猥發明詔，兼開購賞，則異典必臻，觀閣斯積，重道之風，超於前世，不亦善乎！伏願天監，少垂照察。」上納之，於是下詔，獻書一卷，賚縑一匹。一二年間，篇籍稍備。進爵奇章郡公，邑千五百戶。三年拜禮部尚書，奉勅修撰五禮，勒成百卷，行於當世。六年，除太常卿。九年，詔改雅樂，尋授大將軍，拜吏部尚書。其選擧先德行後文才，隋之選擧，於斯爲盛。大業二年，進位上大將軍。三年，改爲光祿大夫。六年，從幸江都。十一月卒，時年六十六。謚曰憲，性寬厚，篤志於學，雖職務繁雜，書不釋手，有文集十三卷，行於世。

舊唐書經籍志後序云：

隋氏平陳，南北一統。秘書監牛弘奏請搜訪遺逸，著定書目，凡三萬餘卷。

開皇四年四部目錄，隋志著錄，凡四卷，不著撰人。新舊唐志作牛弘撰。明胡應麟經籍會通卷一云：

隋初一萬五千餘卷，見牛弘進書表。此時合正副本，僅三萬餘，湘東煨燼所存，幷平陳所得也。

又云：

牛弘之主購書，勤矣！力矣！隋之書籍，所以盛絕古今者，奇章力也。

十四、開皇八年四部目錄

隋志著錄，凡四卷，不著撰人。通志藝文略亦載此目，卷同。

十五、開皇二十年書目

隋王劭撰。隋志未著錄。新舊唐志著錄，凡四卷。王劭字君懋，晉陽人，少沈默，好讀書，學問淵傳，歷官秘書少監，隋書卷六十九有傳。

十六、香廚四部目錄

隋志著錄，凡四卷，不著撰人。通志藝文略亦載此目，卷同。

十七、隋大業正御書目錄

隋柳䛒撰。北史云：

> 隋西京嘉則殿有書三十七萬卷。煬帝命秘書監柳顧言等詮次，除其重複猥雜，得正御本三萬七千餘卷，納於東都修文殿。又寫五十副本，簡為三品，分置西京、東都、宮省、官府。其正御書皆裝翦華綺，寶軸錦標。於觀文殿前為書室十四間，窗戶褥幔，咸極珍麗。（據玉海卷五十二引）

隋志著錄大業正御書目錄九卷，不著撰人，當卽柳䛒所編次。䛒字顧言，河東人，少聰敏，解屬文，好讀書，閱覽書籍近萬卷。初仕梁爲著作佐郎，煬帝卽位，拜秘書監，封漢南縣公，北史卷八十三有傳。隋書經籍志序云：

> 煬帝卽位，秘閣之書限寫五十副本，分為三品。上品紅瑠璃軸，中品紺瑠璃軸，下品漆軸，於東都觀文殿東西廂構屋以貯之。東屋藏甲乙，西屋藏丙丁。又聚魏以來古跡名畫於殿後起二

台，東曰妙楷台，藏古跡，西曰寶台，藏古畫。又於內道場集道佛經，別撰目錄。

舊唐書經籍志序亦云：

隋氏建邦，寰區一統。煬帝好學，喜聚逸書，而隋氏簡編，最為博洽；及大業之季，喪失者多。

根據史志記載，知隋煬帝時，藏書甚富，然正御本僅三萬七千餘卷。

綜上所述，宋齊至隋，歷朝官修目錄雖多，大抵都遵循四部分類，且陳陳相因，無所變革。

乙、七略分法

一、七　志

宋王儉撰。南齊書本傳云：

儉上表，求校墳籍，依七略撰七志四十卷，上表獻之。

宋書後廢帝紀云：

元徽元年八月，王儉表上所撰七志三十卷。

王儉曾任秘書丞，在任內編過元徽元年四部書目，有感於四部法，不足以統轄羣書，有牽強遷就之弊，且着重按書的體裁分類而漠視書的本質，無從考索學術的源流，反不如劉歆七略部次的方便。於是依據七略分法，私撰目錄爲七志四十卷。阮孝緒七錄序云：

宋王儉更撰目錄，又依別錄之體，撰為七志。其中朝遺書，收集稍廣，然所亡者，猶大半焉。

又云：

劉歆七略，其一篇卽六篇之總最，故以輯略為名。次六藝略、次諸子略、次詩賦略、次兵書略、次數術略、次方技略。王儉七志改六藝為經典，次諸子，次詩賦為文翰，次兵書為軍書，次數術為陰陽，次方技為術藝。以向歆雖云七略，實有六條，故別立圖譜一志，以全七限。其外又條七略及兩漢藝文志、中經新簿所闕之書，并方外之經，佛經道經，各為一錄。雖繼七志之後，而不在其數。

所謂七志者，據隋志載：

經典志——紀六藝、小學、史記、雜傳

諸子志——紀古今諸子

文翰志——紀詩賦

軍書志——紀兵書

陰陽志——紀陰陽圖緯

術藝志——紀方技

圖譜志——紀地域及圖書

此外並將道經佛經各爲一志，附在七志的後面，而不具名，則是仿荀勗中經新簿的方法，故名雖爲七，而實分爲九志。又仿劉向敍錄，隋書經籍志序云：

> 然不述作者之意，但於書名之下，每立一傳。而又作九篇條例，編乎首卷之中，文義淺近，未為典則。

今就其分類觀之，悉仿劉歆七略，亦步亦趨。經典志，卽六藝略，而以李充乙部雜傳附之；諸子志卽諸子略，文翰志卽詩賦略而易名，術藝志卽方技略而易名。所不同的，劉氏雖云七略，實分六類，儉故別立圖譜一志，以足七數。至於王氏的圖譜志，最爲宋鄭樵所稱道，通志圖譜略云：

> 劉氏七略，收書不收圖。唯任宏校兵書一類，有書有圖。宋齊之間，王儉作七志，六志收書，一志專收圖譜，不意末學而有此作也。

按七略所收，不僅兵書略有圖，如論語類之孔子徒人圖法二卷，數術略歷譜之耿昌月行帛圖二百三十二卷等都附有圖。其實各書之圖本可隨類附入，劉班二氏已有舊例，王儉爲湊足七篇之數而立圖譜志，並非如鄭樵所言。且魏晋以後史書漸多，自當別爲一部，王氏因爲七略附於春秋，故亦附於經典，顯然末大於本，有失分類別異同的原則。何況還有若干新創體例的著作出現，如魏文帝所勅編類輯的書——皇覽、晋庾仲容所編鈔輯的書——子鈔，後代頗有沿其體例而著作。其中或經或史，或儒或墨，都是七略舊法所不能部次的，故晋以後的圖書分類須要改變，也是形勢之所趨。荀李的四部，固然不盡當，而王儉必欲回復七略，也未免太泥古了。

二、七錄

梁阮孝緒撰。梁書處士傳云：

> 阮孝緒，字士宗，陳留尉氏人也。年十三，徧通五經；屛居一室，非定省未嘗出戶。所著七錄等書二百七十卷行於世。

阮氏所編的七錄凡十二卷，著錄六千二百八十八種，八千五百四十七袠，四萬四千五百二十六卷。隋志、新舊唐志、尤袤遂初堂書目均有著錄，足見南宋初年此書猶存，何時亡佚，已不可考。惟阮氏的自序被唐朝和尚道宣編入廣弘明集卷三而保存下來。此據自序所載，列七錄類目於下：

經典錄——易、尚書、詩、禮、樂、春秋、論語、孝經、小學九部

記傳錄——國史、注曆、舊事、職官、儀典、法制、僞史、雜傳、鬼神、土地、譜狀、簿錄十二部

子兵錄——儒、道、陰陽、法、名、墨、縱橫、雜、農、小說、兵十一部

文集錄——楚辭、別集、總集、雜文四部

術伎錄——天文、讖緯、曆算、五行、卜筮、雜占、刑法、醫經、經方、雜藝十部

佛法錄——戒律、禪定、智慧、疑似、論記五部

仙道錄——經戒、服餌、房中、符圖四部

前五錄四十六部爲內篇，佛法仙道二錄九部爲外篇。從上面列舉的類目來看，雖則阮氏自序說是「斟酌王劉」，實際上兼採了四部之優點。至於阮氏分類之意，自序中有詳細的說明：

今所撰七錄，斟酌王劉。王以六藝之稱，不足標榜經目，改為經典，今則從之，故序經典錄為內篇第一。劉王並以衆史合於春秋。劉氏之世，史書甚寡，附見春秋，誠得其例。今衆家記傳，倍於經典，猶從此志，實為繁蕪；且七略詩賦，不從六藝詩部，蓋由其書既多，所以別為一略，今依擬斯例，分出衆史，序記傳錄為內篇第二。諸子之稱，劉王並同。又劉有兵書略，王以兵字淺薄，軍言深廣，故改兵為軍。竊謂古有兵革兵戎治兵用兵之言，斯則武事之總名也，所以還改軍為兵。兵書既少，不足別錄，今附於子末，總以子兵為稱，故序子兵錄為內篇第三。王以詩賦之名，不兼餘制，故改為文翰。竊以頃世文詞，總謂之集，變翰為集，於名尤顯，故序文集錄為內篇第四。王以數術之稱，有繁雜之嫌，故改為陰陽；方技之言，事無典據，又改為術藝。竊以陰陽偏有所繫，不如數術之該通；術藝則濫六藝與數術，不逮方技之要顯，故還依劉氏，各守本名。但房中神仙，既入仙道；醫經醫方，不足別創。故合術技之稱以名一錄，為內篇第五。王氏圖譜一志，劉略所無；劉數術中雖有曆譜，而與今譜有異。竊以圖畫之篇，宜從所圖為部。故隨其名題，各附本錄。譜既注記之類，宜與史體相參，故載之於記傳之末。自斯以上，皆內篇也。釋氏之教，實被中土，講說諷味，方軌孔籍。王氏雖載於篇，而不在志限，卽理求事，未是所安，故序佛法錄為外篇第一。仙道之書，由來尚矣。劉氏神仙，陳於方技之末；王氏道經，書於七志之外。今合序仙道錄為外篇第二。王則先道而後佛，今則先佛而後道；蓋所宗有不同，亦由其教有淺深也。凡內外兩篇，合為七錄，天下之遺書秘記，庶幾窮於是矣。

阮氏七錄分爲內外兩篇，若除去外篇佛法仙道二錄，實際上只賸下五錄，其中經典、記傳、子兵、文集四錄，卽用經史子集四部的次序，而稍爲變更名稱。數術別爲一錄，與劉孝標所編的文德殿四部書目，在四部之外，又分數術的書爲一部相近似。阮氏不將史書附於春秋，不將講理論的諸子兵書，與談實用技藝的數術方技合爲一錄，比起七志或四部的分類都要合理得多。王阮二家雖同法七略，而王儉一意復古，阮氏則斟酌於古今之間，依據書之多寡分類，不僅偏重理論而已。隋志雖評其「割析辭義，淺薄不經」，然而不能不推許它「分部題目，頗有次序」。

阮氏七錄對於後代目錄學的影響很大，今分兩點說明：

㈠七錄自序云：

孝緒少愛墳籍，長而弗倦；臥病閑居，傍無塵雜。晨光纔啓，緗囊已散；宵漏既分，綠帙方掩。猶不能窮究流略，探盡秘奧。每披錄內省，多有缺然。其遺文隱記，頗好搜集。凡自宋齊已來，王公縉紳之館，苟能蓄積墳籍，必思致其名簿；凡在所遇，若見若聞，校之官目，多所遺漏。遂總集衆說，更為新錄。

則七錄乃總滙官私所藏典籍於一目。雖此例創自其友平原劉杳之古今四部書目，然劉氏所抄集既已悉贈阮氏，而劉目未見傳世，故影響後世鄭樵之通志藝文略，馬端臨之文獻通考經籍考，焦竑之國史經籍志等，實乃阮氏之七錄。

㈡阮氏七錄之類目較爲細密，除經典錄類目承襲七略六藝略，子兵錄承襲諸子、兵書二略，術伎錄承襲數術，方技二略，而以方技略之房中、神僊改入仙道外，其餘皆阮氏自創。自荀勗、李充四部雖將史書自春秋析出別爲一部，但以史記、皇覽、雜事並列，而未再細分，至阮氏七錄才詳定類目。文集，七略稱詩賦，王儉稱文翰，然皆詩賦雜陳，至阮氏而依體類列，始有定稱。所析子目，爲後世目錄所遵循。隋書經籍志史集兩部之子目，亦多因緣於阮氏七錄。

三、七　林

隋許善心撰。隋書本傳云：

> 善心字務本，高陽北新城人也。幼聰明，有思理，所聞輒能誦記，多聞默識，為當世所稱。家有舊書萬餘卷，皆遍通涉，十五解屬文。……開皇十七年，除秘書丞。于時秘藏圖籍，尚多淆亂，善心放阮孝緒七錄，更製七林，各為總序，冠於篇首。又於部錄之下，明作者之意，區別其類例焉。

許善心撰七林，隋唐諸志均未著錄，志序亦無一言述及，故卷數之多寡，無從考索，其分類大抵沿襲七錄，其詳則不可知。根據本傳所載，知其既有總序、小序，又有敍錄以明作者之意，似較七志、七錄猶或過之，而能直溯劉氏之堂奧。

綜觀六朝的目錄，雖說是七略四部兩大分類系統互競，實際上只是分合的問題，四部之不同七略，只不過因史傳之書增多而析之於春秋，因諸子、兵書、數術、方技之漸少而合爲一部。如析出數術、方技則爲五部，加上佛道則爲七部，將佛道術技併於子部則爲四部。分合之故，大抵在諸子一部。互相祖述，各有因革，雖似歧出枝分，實則同條共貫。

第四章　四部統一時期的目錄——唐五代

唐高祖武德五年（西元六二二年），討平僞鄭王世充，將洛陽所存的隋朝藏書，以船泝黃河欲西運京師長安，行經陝州附近的底柱地方，不少的船隻觸石沈沒，運抵京師的不過十分之一二，經檢點共存一萬四千四百六十六部，八萬九千六百六十六卷。後秘書丞令狐德棻，奏請購募遺書，由是圖籍略備。太宗卽位，雖嘗留意典籍，搜訪秘文，魏徵爲秘書監，亦曾奏引學者校定羣書，然未聞編撰藏書目錄。據明胡應麟經籍會通云：「蓋太宗所聘志在文辭，所鍾嗜在翰墨，於經籍蓋浮慕焉；未必如隋宋之竭力蒐訪也。故貞觀中百事超越前代，此反愧焉。」貞觀三年，魏徵等奉詔修隋書，始據隋代遺書，撰經籍志。而藏書目錄之纂修，至玄宗開元而大盛。今分別略述於後：

一、隋書經籍志

唐魏徵撰。按此志的編者，今本隋書題長孫無忌奉敕撰。然四庫隋書提要云：「宋刻隋書之後，有天聖中校正舊跋，稱舊本每卷分題（撰者），十志內惟經籍志題侍中鄭國公魏徵撰。」復考舊唐志載毋煚古今書錄序，批評元行冲羣書四部錄說：「所用書序，咸取魏文貞。」亦以經籍志的作者歸之魏徵，與北宋舊本所題合。傳本題長孫無忌者，不過因十志後來由他奉詔監修，完稿後由其表進，故天聖以後刻本改題他奉詔撰，並非實際的撰稿人。

隋志編纂的體例，在志前的大序中有清楚的說明。序云：「遠覽馬史班書，近觀王阮志錄，挹其風流體制，削其浮雜鄙俚。離其疏遠，合其近密，約文緒義，凡五十五篇，各列本條之下，以備經籍志。」蓋乃參考漢志及王儉七志、阮孝緒七錄而編成。在著錄方面大抵仿漢志，每書載其書名、卷數、再敍作者。凡書名不足以顯現其書內容的，則酌注數字來說明。如雜史類著錄有兩部梁皇帝實錄，隋志於周興嗣所撰，注云：「記武帝事」；於謝昊撰，注云：「記元帝事」，可使讀者知同名之書間的區別。又如環濟帝王要略十二卷，注云：「記帝王及天官地理喪服」等等。也有略釋作者的，如名家類尹文子二卷，注云：「尹文，周之處士，遊齊稷下」；縱橫家類鬼谷子三卷，注云：「鬼谷子，周世隱於鬼谷」等。這種略釋疑晦之書及作者的方法，卽是大序所謂的「約文緒義」。又隋志在所著錄的書下，或云：「梁有若干卷」，或「梁有某某書若干卷，亡」，則是參考梁代的舊目而加注的。其間也偶有標明參考七略與七錄的，如子部道家類著錄文子十二卷，注云：「七略有九編，梁有七錄十卷亡」；雜家類類苑一百二十卷下注：「梁七錄八十二卷」；五行類京房周易集林十二卷下，注云：「七錄云，伏萬壽撰」。此種附著方式卽大序所謂的「離其疏遠，合其近密」。

隋志將圖書區分爲四部四十類，後並附錄道佛兩部十五類，列表於後：

經部——易、書、詩、禮、樂、春秋、孝經、論語、緯書、小學十類

史部——正史、古史、雜史、覇史、起居注、舊事、職官、儀注、刑法、雜傳、地理、譜系、簿錄十三類

子部——儒、道、法、名、墨、縱橫、雜、農、小說、兵、天文、曆數、五行、醫方十四類

集部——楚辭、別集、總集三類

附：

道經——經戒、服餌、房中、符籙四類

佛經——大乘經、小乘經、雜經、雜疑經、大乘律、小乘律、雜律、大乘論、小乘論、雜論、記十一類

共計五十五類，凡著錄四部書及道佛經典六千五百二十部、五萬六千八百八十一卷。故雖號稱四部分類，實際分爲六部，不過道佛兩部只載部目及總卷數，未列書目。這種將方外之經列作附錄是仿自荀勗中經新簿及王儉七志的方法。故自表面看，隋志是承襲自晉以來的秘閣四部分類法。但自精神而言，實也兼採了阮孝緒七錄的優點。隋志的四部，經部凡十類、史部十三類、子部十四類、集部三類，乃由七錄的內篇五錄四十六類分併而來，即將七錄的經典錄改爲經部，紀傳錄改爲史部，子兵、術伎二錄合爲子部，文集錄改爲集部，至於附錄即七錄的外篇。再從類目來比較，也顯然是沿襲七錄。七錄經典錄九類，隋志經部十類，乃將七錄原置術伎錄的讖緯一類，改名緯書，次於經部小學類

之前，以緯書係附經而行，故改次經部；並將孝經改列於論語之前。七錄紀傳錄十二類，隋志將其國史類各依體裁，衍分為正史、古史（即編年體）、雜史三類；將雜傳、鬼神二類併為雜傳。其餘僅名稱略有改易，如注曆改起居注，儀典改儀注，法制改刑法，土地改地理，譜狀改譜系，並將僞史改覇史，移至雜史類之後而已，故有十三類。七錄子兵錄十一類，術伎錄十類，共二十一類。其中的讖緯已改入經部，陰陽類七錄只著錄一種一卷，隋無其書，故去其類名。又七錄雜藝類，隋志以其中書畫之書附入小說，以碁藝及象經的書附入兵家，故刪雜藝類，一共去了三類。又以卜筮、雜占、刑（形）法三類併入五行類，醫經、經方合稱醫方類，再減四類，故僅餘十四類。七錄文集錄凡四類，隋志集部將雜文類附入總集，故成為三類。從隋志分類的情形來看，實可以說是四部七錄的綜合體。也就因為隋志四部兼容七錄的特點，使南北朝的目錄四七分鏡的局面，至唐代復趨於統一。自晉以來的四部分類都用甲乙丙丁為代名，至隋志而明標經史子集為部名，在中國目錄學史上沿用了一千三百多年，迄今尚未完全消滅。

隋書的四部每類書目後各有小序一篇，每部之後有總序一篇。附錄的道佛兩部則僅各有總序，又後序一篇，志首冠大序一篇，共有序文四十八篇，與大序所言「凡五十五篇」不合。按隋志十篇三十卷，原名五代史志，合記梁、陳、北齊、北周、隋五代事，本自別行，其後始併入隋書，故通稱隋志。可能原經籍志之道佛兩部十五類各有小序，後併入隋書始被刪削，今已不可考。隋志的小序總序是取則於漢志而作的，大序敍述經籍的源流頗詳，可以補漢志之闕。所述漢魏六朝目錄的體例，與阮孝緒七錄互有詳略，並是研究古代圖書史重要的參考文獻。每類後的小序敍述該門類學術的淵源流變及評論優劣得失，甚爲簡扼，頗能中其肯綮，是研究學術史的資料。

隋志既是一部兼有四部七錄特點的目錄，因之對於後代的目錄影響頗大。它所分的四部四十類，多爲後世所沿襲，只不過略增門類以部次新出圖書而已。它的在類中再詳分學派編次法，孕育出宋代鄭樵詳分類例，以明學術的理論，而爲明代以降的目錄所承用。然而也發生了不良的影響，這種影響，大別可以分爲三點來討論：

(一)目錄寓有褒貶之意，開後來所謂正統派目錄之先聲　編目錄者，所以總括全部的藏書，依學術的分類，來部次條別，使得井然有序，既便於查檢，又可指導讀者從事學術的研究。故對於類例的釐定，應以客觀的態度，作平衡的支配，不可有所軒輊。隋志則不然，編者把它作爲政府的一種教化工具，所以在大序中說：經籍志「雖未能研幾探賾，窮極幽隱。庶乎弘道設教，可以無遺闕焉」。隋志特別强調古聖先哲著作的重要性，它說：

> 經籍也者，機神之妙旨，聖哲之能事，所以經天地，緯陰陽，正紀綱，弘道德。顯仁、足以利物；藏用、足以獨善。學之者將殖焉，不學者將落焉。大業崇之，則成欽明之德；匹夫克念，則有王公之重。其王者所以樹風聲，崇顯號，美教化，移風俗，何莫由乎斯道！

因爲强調典籍的重要性，而要把它作爲教化的工具，所以隋志著錄的書是經過選擇的，對於「舊錄所取，文義淺俗，無益教理者，並刪去之」(大序)。對於道佛之書，視作「方外之教，聖人之遠致也。俗士爲之，不通其指，多離以迂怪，假託變幻亂於世，斯所以爲弊也。故中庸之教，是所罕言」（後序）。因之將道佛經典僅錄經目之數附於四部之末，而盡删其書名。其餘四部之書，僅著錄其可觀者。蓋挾六朝以來衞道的觀念，作爲是非的標準，使目錄寓有褒貶之意。與漢志所云劉歆總羣書而奏其七略，有所不同。自隋志開此例，後代編目者沿之，如宋末通行的平話，元代盛行的雜劇，明代極盛的演義等，均不見於前代目錄中著錄。這種觀念，至清代修四庫總目分別著錄與存目，更爲顯然。

㈡分類依體不以義　圖書的分類，不外「體」、「義」兩項標準。所謂「義」，也謂之「質」，卽書的內容。分類崇「質」者，卽依書的學術內容來歸類。所謂「體」，卽書的著作體裁。分類主體者，卽按書的體裁來歸類，而漠視其學術內容。分類崇質，其例始於劉歆的七略，如將太史公書等歷史著作數種，歸入春秋家，以明學術的源流。分類依體，就現存的目錄來看，乃隋志始作俑。譬如將七錄的國史類衍分爲三類，紀傳體的史書歸爲正史類，編年體的史書歸爲古史類，其餘的入雜史類。又如雜傳、鬼神因其內容不同，七錄分爲兩類。隋志以其皆屬傳記體，而併爲雜傳類。致使仙道高僧與先賢高士忠臣孝子的傳記同在一類，而不別入道佛。又如將釋氏譜、內典博要等佛家之書十餘種，歸附入雜家。致使學者想依據書目來研究學術，實戛戛乎難矣哉。這種情形，雖然很可能阮氏七錄已肇其端，但至隋志始更爲顯明。後代的目錄大都沿襲，多因書而設部。到了清代，章學誠將學術之不能專精，後世無專門之學，也無專門之書，卽歸咎於這種以書籍淆亂部次的分類法。

㈢隋志經史子集的界限，並不嚴謹，開後代目錄隨意依附的先導　東晉李充的四部，雖然具有經史子集的雛形，但當時尚無其名，而稱爲甲乙丙丁。故無碍將六藝，小學歸爲甲部，史記、皇覽合爲乙部，古今諸子、兵家數術之書合爲丙部，詩賦、汲冢書列爲丁部。隋志旣首用經史子集作爲部名，應立下嚴格的類例，使名至實歸，作爲後代的準繩。然而隋志並未如此，觀其於經部總序僅云：「班固列六藝爲九種，或以緯書解經合爲十種」。於史部總序云：史官者，「前言往行，無不識也；天文地理，無不察也；人事之紀，無不達也。內掌八柄以詔王治，外執六典以逆官政」。於子部總序則云：「儒道小說，聖人之教也，而有所偏；兵及醫方，聖人之政也，所施各異。……若使總而不遺，折之中道，亦可以興化致治者矣」。未爲經史子集定下界說，致使其間名實不能相符。隋志之將小學入經部，鬼神道佛傳記附入史部雜傳，目錄列在史部，詔集入於集部總集，已使人感到不倫不類，但尚可以說，此乃因襲自七略、七錄的。而隋志的子部最爲雜亂。所謂子書者，必定是持之有故，言之成理，卓然而能成一家之說的著作。此乃自先秦以來共同了解的意義，所以七略、七志、七錄諸目將諸子與術技分別爲部，梁文德殿書目在四部之外，別有數術一部，使不相雜厠。然而看隋志的子部，有空談哲理的諸子，有記載實用的技藝（如兵、天文、曆數、醫方），有乏科學根據的術數（五行），有摭拾異聞而別於先秦的小說，皆混列一部，眞所謂薰蕕同器，毫無倫類。自隋志開此例，倒替後代編目的人，開了一個方便之門，任意出甲入乙。明代諸目將道學之書出之於子，列在經部；金石之書，宋志及清四庫附目錄而入史部，明陳第世善堂書目及清錢氏絳雲樓目却歸在集部。尤其是子部，幾乎成了一切古無今有，無部可歸圖書的淵藪。新舊唐志增藝術類，琴棋書畫成爲子；遂初堂目增譜錄類，草木鳥獸蟲魚、飲食器用成爲子；新唐志增類書類，明淡生堂目增叢書類，無所不包薈萃的書也成爲子。名實相乖，莫此爲甚。我國的圖書分類，一千多年來不能趨於統一，探討其原因，固然很多，而隋志四部改甲乙丙丁明稱經史子集，而未奠立嚴格的類例，實爲主要的影響。

隋志是漢志以後僅存的一部早期目錄，能供後人考辨古籍的眞僞與佚闕，甚有參考的價值。自宋以後對這部目錄論述的頗多。鄭樵說它「高於古今」，「所類無不當」，「最爲可信」（俱見校讎略編次之訛論）。而四庫總目則說它「編次無法，述經學源流，每多乖誤」，「在十志中爲最下」。對於此書目作深入研究的，早者有乾嘉間的章宗源隋書經籍志考證，所傳僅有史部考證十三卷；晚者有光緒中姚振宗的隋志考證五十二卷，最爲博通。

二、羣書四部錄

唐元行冲撰。舊唐書經籍志序云：

> 開元三年，左散騎常侍褚無量、馬懷素侍宴，言及經籍。玄宗曰：「內庫皆是太宗、高宗先代舊書，常令宮人主掌，所有殘缺，未遑補緝，篇卷錯亂，難於檢閱，卿試為朕整比之」。至七年，詔公卿士庶之家，所有異書，官借繕寫。及四部書成，上令百官入乾元殿東廊觀之，無不駭其廣。九年十一月，殷踐猷、王愜、韋述、余欽、毋煚、劉彥眞、王灣、劉仲等重修成羣書

四部錄二百卷，右散騎常侍元行冲奏上之。

舊唐書元行冲傳云：

元行冲，河南人。開元七年，拜太子賓客、弘文館學士。先是秘書監馬懷素集學者續王儉今書七志，散騎常侍褚无量於麗正殿校寫四部書。事未就而懷素、无量卒，詔行冲總代其職。於是行冲表請通撰古今書目，名為羣書四錄。歲餘書成，奏上，上嘉之。

根據以上資料，知玄宗開元間常侍馬懷素主持整理內府藏書時，曾建議賡續王儉七志來編目，但沒有竣事而馬氏卒。繼馬氏任的弘文館學士元行冲乃沿用隋志的四部，編撰完成了一部足以媲美清代四庫總目的大目錄——羣書四部錄二百卷。凡著錄五萬三千九百一十五卷，而唐代學者的著作，凡二萬八千四百六十九卷，共得書八萬二千三百八十四卷（據新唐志序），每書皆有敍錄。今據舊唐志序列其部類於後：

甲部經錄——易、書、詩、禮、樂、春秋、孝經、論語、圖緯、經解、詁訓、小學十二類

乙部史錄——正史、古史、雜史、覇史、起居注、舊事、職官、儀注、刑法、雜傳、地理、譜系、略錄十三類

丙部子錄——儒家、道家、法家、名家、墨家、縱橫家、雜家、農家、小說家、兵法、天文、曆數、五行、醫方十四類

丁部集錄——楚詞、別集、總集三類

共四部四十二類，分類多本隋志，惟經部多經解、詁訓二類，史部簿錄改爲略錄，大體無甚出入。此書新舊唐志均有著錄，宋以後失傳。

三、古今書錄

唐毋煚撰。由於羣書四部錄成書過於倉促，致紕謬疏漏之處，不一而足，招致當時曾參與纂修工作的修書學士毋煚的不滿。毋氏云：

> 竊以經墳浩廣，史圖紛博；尋覽者莫之能徧，司總者常苦其多，何假重屋複床，更繁其說。若先王有闕典，上聖有遺事，邦政所急，儒訓是先，宜垂教以作程，當闡規而開典。則不遑啓處，何獲晏寧。曩之所修，誠惟此義。然體有未愜，追怨良深。于時秘書省經書，實多亡闕，諸司墳籍，不暇討論，此則事有未周，一也。其後周覽人間，頗睹秘文。新集記貞觀之前，永徽已來不取；近書採長安之上，神龍已來未錄。此則理有未宏，二也。書閱不徧，事復未周，或未詳名氏，或未知部伍。此則體有未通，三也。書多闕目，空張第數，既無篇題，實乖標牓。此則例有所虧，四也。所用書序，咸取魏文貞；所分書類，皆據隋經籍志，理有未允，體有不通。此則事實未安，五也。（舊唐志大序引毋煚序）

毋氏提出羣書四部錄不當之點有五，於是乃依據此書爲之刪略增補。毋氏序又云：

> 昔馬談作史記，班彪作漢書，皆兩葉而僅成。劉歆作七略，王儉作七志，踰二紀而方就，孰有

四萬卷目，二千部書名目，首尾三年，便令終竟。欲求精悉，不其難乎？所以常有遺恨，竊思追雪。乃與類同契，積思潛心，審正舊疑，詳開新制。永徽新集，神龍近書，則釋而附也。未詳名氏，不知部伍，則論而補也。空張之目，則檢獲便增。未允之序，則詳宜別作。紕繆咸正，混雜必刊。改舊傳之失者三百餘條，加新書之目者六千餘卷。凡四部之錄四十五家，都管三千六十部，五萬一千八百五十二卷，成書錄四十卷。其外有釋氏經律論疏、道家經戒符籙，凡二千五百餘部，九千五百餘卷，亦具翻譯名氏，序述指歸，又勒成目錄十卷，名曰開元內外經錄。

知毋氏撰成古今書錄四十卷及開元內外經錄十卷。書錄每部皆有小序，每書皆注撰人名氏，有釋，有論。其卷數比四部錄少者，殆有似如七略之於別錄，四庫簡明目錄之於四庫總目提要。其書北宋初尚存，新唐志著錄。晁志云：「毋煚所著不存」，大概亡於北宋末年，五代劉煦修舊唐書經籍志，即全採其書目，而僅刪去小序及敍錄而已。

四、秘閣四庫更造見在庫書目

唐張說、徐堅撰。唐會要卷三十五云：

天寶三載六月四庫更造見在庫書目，經庫七千七百七十六卷，史庫一萬四千八百五十九卷，子庫一萬六千二百八十七卷，集庫一萬五千七百二十卷。從三載至十四載，庫續寫又一萬六千八百四十三卷。

據玉海卷五十二所載，此目爲都知麗正殿修書事張說及秘書監徐堅所纂修，其目不傳，不詳其分類。

五、貞元御府羣書新錄

唐陳京撰。自安史之亂，兩都覆沒，乾元舊籍，散失殆盡。肅宗、代宗崇尙儒術，屢次下詔購募。德宗貞元年間，陳京爲秘書少監，整理秘閣藏書，作藝文新志，取名貞元御府羣書新錄，著錄之書，凡兩萬餘卷，此目新舊唐志及宋志均未著錄，僅見於玉海。

六、唐秘閣四部書目

唐鄭覃撰。舊唐志序云：

文宗時，鄭覃侍講禁中，以經籍道衰，屢以為言。詔令秘閣搜訪遺文，日令添寫。開成初，所藏四部書至五萬六千四百七十六卷。

宋志有唐秘閣四部書目四卷，唐四庫搜訪圖書目一卷，並不著撰人及時代，當卽開成時所修，今已失傳，莫得其詳。

七、舊唐書經籍志

五代劉煦撰。舊唐志序云：

及廣明初，黃巢干紀，再陷兩京，宮廟寺署，焚蕩殆盡，曩時遺籍，尺簡無存。及行在朝，諸儒購輯，所得無幾。昭宗卽位，志弘文雅，秘書省奏曰：「當省元掌四部御書十二庫，共七萬餘卷。廣明之亂，一時散失。後來省司購募，尚及二萬餘卷。及先朝再幸山南，尚存一萬八千卷。竊知京城制置使孫惟晟收在本軍，其書籍並望付當省，校其殘缺，漸令補輯，樂人乞移他所。」並從之。及遷都洛陽，又喪其半。

據此知唐代秘閣藏書，至唐末喪失殆盡。惟毋煚之古今書錄及開元內外經錄倖未遭天寶、廣明之兵燹，至後唐尙存，於是史臣乃據此目纂修舊唐書經籍志。舊唐志序文又云：

煚等四部目及釋道目，並有小序及注撰人姓氏，卷軸繁多，今並略之，但紀篇部以表我朝文物之大。其釋道錄目附本書，今亦不取，據開元經籍為之志，天寶已後，名公各著文章，儒者多有撰述，或記禮法之沿革，或裁國史之繁略，皆張部類，其徒實繁。臣以後出之書，在開元四部之外，不欲雜其本部。今據所聞，附撰人等傳。其諸公文集，亦見本傳，此並不錄。

知舊唐志乃古今書錄之節本。其類目如下：

甲部經錄——易、書、詩、禮、樂、春秋、孝經、論語、讖緯、經解、訓詁、小學十二類

乙部史錄——正史、編年、僞史、雜史、起居注、故事、職官、雜傳、儀注、刑法、目錄、譜牒、地理十三類

丙部子錄——儒家、道家、法家、名家、墨家、縱横家、雜家、農家、小說、天文、曆算、兵書、五行、雜藝術、事類、經脈、醫術十七類

丁部集錄——楚辭、別集、總集三類

共四部四十五類，大抵本之隋志而略有增益改易，其甲部經錄較隋志增經解、詁訓二類，係沿之羣書四部錄；丙部子錄增雜藝術、事類二類，並將醫方衍爲經脈、醫術兩類。卽由隋志四部四十類增衍成爲四十五類，其餘僅類目名稱略有改易，如緯書改爲讖緯，覇史改爲僞史，古史改爲編年，舊事改爲故事，譜系改爲譜牒，簿錄改爲目錄，曆數改爲曆算。此目部次之不當，尤甚於隋志。如釋道二教，本不同科，故七志、七錄、隋志都是分別各設一部。舊唐志所著錄釋典的書不多，而古來四部之目俱無佛家，於是將法苑、歷代三寶記等二十一種釋家典籍附於道家。又先秦以來的道家，本屬自然學派，與辟穀導引、符籙齋醮的神仙家迥異，故七略七錄隋志皆分別著錄，不在同一部類，而此目以老子西昇經、老君科律等數書次於老莊之間，其他如相牛、相馬、相鶴、相貝諸書，本無關於農事，而竟列之於農家，這些都是有乖名實的地方，而爲後代目錄所沿襲。

五代之世，干戈相尋，各國的藏書都不甚多，除了蜀王建時曾編有書目一卷，見通志藝文略，大抵著錄甚簡，分類不詳，此外未聞有其他的目錄。

以上所述皆屬秘閣官修目錄，而我國私人藏書至唐也漸漸多起來了，鄴侯李泌插架三萬軸，韓愈贈李泌詩云：「鄴侯家多書，插架三萬軸，一一懸牙籤，新若手未觸。」蘇弁、韋述各家藏二萬卷，

然皆未聞有藏書目錄之作。據新唐志所載，私家藏書編有書目者爲：吳兢西齋書目一卷、李肇經史釋題二卷、蔣彧新集書目一卷、杜信東齋籍二十卷。吳兢西齋書目著錄其家藏書一萬三千四百六十八卷（此據晁志，玉海作一萬四百零三卷），凡分五十七類，較古今書錄增多十二類，惟不詳所增類目爲何？其餘三目，今已失傳，著錄情形，無可考見。

第五章　部類試圖改革時期的目錄㈠——宋代

我國印刷術發明於唐代，入宋以後，因爲雕版印刷已普及全國，得書比較容易。是故官私藏書都要比前代豐富得多，編著有書目而且尚存世的也不少，因之對於目錄學的演進也有若干新的貢獻。玆將宋代的官修目錄，私家遵循四部之目錄、私家不守四部成法之目錄分別論述於後：

甲、官修目錄

宋代的官修目錄，大抵皆遵循隋志以來的四部分法，而無所更張，僅在類目方面略事增訂而已。

一、史館新定書目

宋太祖建隆初年（西元九六〇年），昭文、史館、集賢三館，藏書共一萬餘卷。後剷平諸國，收其圖籍，又下令遣派使者購求遺書，內府藏書纔稍爲增加。乾德六年編有史館新定書目四卷（據玉海卷五十二引國史志）。

二、館閣圖籍目錄及太清樓書目

宋朱昂、杜鎬等撰。太宗太平興國三年於左昇龍門北面重建三館，此即三館新修書院，賜名爲崇文院。院的東廡爲昭文書庫，南廡爲集賢書庫，西廡有四庫，分四部，爲史館書庫。共六庫，藏正副本八萬卷。端拱元年又於崇文院中堂建秘閣，分三館藏書萬餘卷貯存其間，合稱爲四館，又稱爲館閣。眞宗時命三館寫四部書二本，置於禁中之龍圖閣及後苑之太清樓。又下詔朱昂、杜鎬、劉承珪整理內府藏書，咸平中先後編成館閣圖籍目錄及太清樓書目，但旋即亡佚。

三、崇文總目

宋王堯臣等撰。眞宗大中祥符八年，王宮失火，蔓延到崇文秘閣，藏書亦遭火焚燬，於是命王欽若提點抄寫校勘館閣書籍，以陳彭年輔之，借太清樓本補寫。仁宗天聖九年新建崇文院落成，增募書吏，抄補圖書。景祐元年，由於三館秘閣所藏，有謬亂不全的書籍，於是命翰林學士張觀、知制誥李淑、宋祁等看詳，定其存廢，譌謬重複，並從刪去，內有差漏者，補寫校正。因命翰林學士王堯臣、史館檢討王洙、館閣校勘歐陽修校正條目，討論撰次，仿唐開元四部錄，編撰目錄，於慶曆元年奏上，賜名曰崇文總目。目錄計六十六卷，每種書下有敍釋，另有序錄二卷，有如七略的輯略、七志的九篇條例，亦即小序。此目分四部四十五類（案周密齊東野語謂分四十六類），著錄書三萬六百六十九卷。此目自元末以來僅存別行的書目一卷，有敍釋及序錄的六十八卷本不傳。淸乾隆中四庫館臣從永樂大典等書輯爲十二卷，嘉慶間嘉定錢東垣、秦鑑等人增輯共得原序三十篇，原釋九百八十條，編爲崇文總目輯釋五卷。現存的目錄專書，以此目爲最古。依據輯本列其類目於後：

經部——易、書、詩、禮、樂、春秋、孝經、論語、小學九類。

史部——正史、編年、實錄、雜史、僞史、職官、儀注、刑法、地理、氏族、歲時、傳記、目錄十三類。

子部——儒家、道家、法家、名家、墨家、縱橫家、雜家、農家、小說、兵家、類書、算術、藝術、醫書、卜筮、天文占書、曆數、五行、道書、釋書二十類。

集部——總集、別集、文史三類。

與古今書錄或舊唐志類數同，而類目則略有損益。經部刪去讖緯，蓋此類書入宋已不存；附經解入論語，併詁訓入小學。史部去故事而增歲時。子部衍曆算爲算術、曆數，天文爲天文占書、卜筮；併經脈、醫術爲醫書，而新增道書、釋書。集部去楚辭而自總集析出文史。其餘僅類名略有改易。這些增改大都爲後代的四部目錄所沿用。

崇文總目既爲館閣合併著錄之總目，故篇帙繁多，牴牾自所不免，後世諸家，時有糾正。如黃伯思東觀餘論摘十七條，焦竑國史經籍志糾二十二條。而鄭樵更作校讎略，譏其每書下之序釋文繁無用，其言曰：

> 崇文總目出新意，每書之下必有說焉。據標類自見，何用更為之說。且為之說也已自繁矣，柯用一一說焉。至於無說者，或後書與前書不殊者，則強為之說，使人意怠。

書目有敍錄以論析一書之大旨，其體制淵源於劉向別錄，非崇文總目所新創。我們從輯本總目序釋來看，仍嫌它太簡略，而鄭氏卻認為文繁無用。四庫總目說是出於鄭氏忌刻之心，云：

> 鄭樵作通志二十略，務欲淩跨前人。而藝文一略，非目睹其書，則不能詳究原委。自揣海濱寒畯，不能窺中秘之全，無以駕乎其上，遂惡其害己而去之，此宋人忌刻之故智，非出公心。

所以章學誠也批評鄭氏「工訶古人，而拙於自用。」鄭氏抨擊總目甚力，然對於總目雜史、道書兩類，讚許它極有條理，勝於隋唐二志。總之，崇文總目以著錄浩繁，謬誤誠所不免，然古來著作之目錄，總滙於此，百世之下，驗存佚，辨眞僞，核異同，亦有所憑藉。

四、新唐書藝文志

宋歐陽修撰。歐陽修既佐王堯臣修崇文總目，又於仁宗嘉祐初撰新唐書，作藝文志一卷。此目係據舊唐志撰成，惟舊唐志既全採古今書錄，於玄宗以後的著作皆缺。而新唐志著錄已及昭宗時，頗有增補。其分類也大體據舊唐志，僅將訓詁類併入小學而少一類，其餘則改雜傳為雜傳記，事類為類書，經脈為明堂經脈。

五、秘書總目

宋孫覿等撰。據玉海卷五十二，神宗熙寧七年、哲宗元祐二年均編有書目，然其事不詳。神宗時將崇文院館閣改名曰秘書省。徽宗時，因崇文總目中所載的書籍，頗有散逸，所存十纔六七，號爲全本的，也僅二萬餘卷，於是下令訪求，所獲溢出總目外之書，超過萬餘卷。政和七年，令校書郎孫覿及著作郎倪濤、校書汪藻、劉彥通，以續得的書編入舊目，名曰秘書總目，今已失傳。

六、中興館閣書目

宋陳騤撰。靖康之亂，館閣所藏書籍，散失殆盡。高宗南渡，建都臨安，乃於國史院右面建秘書省，搜訪遺闕之書，優厚獎賞獻書之人。於是四方之收藏，稍稍流出，館閣藏書逐漸增多。孝宗淳熙間，秘書少監陳騤仿崇文總目類次，撰中興館閣書目七十卷（陳錄作三十卷，此據宋志）、序例一卷，由浙江漕司刊版，共著錄四萬四千四百八十六卷。此目亦有敍錄及小序，陳振孫批評此目考究不免疏謬。據玉海及齊東野語，此目凡分四部五十二門，比崇文總目增多七類。此書元以來失傳，異同無從考索。有民國二十一年趙士煒輯考五卷。

七、中興館閣續書目

宋張攀等撰。寧宗嘉定十三年，令秘書丞張攀等校理館閣藏書，將淳熙以後所續得的書籍，加以纂輯，凡得一萬四千九百四十三卷，撰中興館閣續書目三十卷，陳氏評此目草率尤甚前錄。此書元以來不傳。

合中興館閣正續二目所錄，知宋末共藏書五萬九千餘卷，唯理宗紹定四年遭火災，書多燬闕。

宋時國史凡經四次纂修，初修於仁宗天聖年間，呂夷簡等奉詔撰，曰三朝國史。次修於神宗元豐時，王珪等所撰，曰兩朝國史。再修於孝宗淳熙，李燾所撰，曰四朝國史。南宋國史則不知撰人。諸國史都有藝文志，南宋國史曰中興藝文志，蓋即依據中興館閣書目、續書目合而爲一編。諸志每類都有小序。史志雖然不傳，其小序在文獻通考經籍考中尙頗有引述，經籍考並詳細條列各史志之部類及著錄之卷數。

乙、私家遵循四部之目錄

私家藏書之風，至宋代而大盛。加以雕版流行，得書較易，藏書之家，指不勝屈。今據史傳、郡志、歷代文集、筆記、雜說及公私簿錄所載，凡一百餘家，藏書多者至十萬卷，且編有藏書目錄，今尙可考者有三十餘種（詳宋代藏書家考）。宋代私家藏書目錄傳世者僅有昭德晁氏、無錫尤氏、吉安陳氏三家，其分類皆據四部損益，分別論述於後：

一、郡齋讀書志

宋晁公武撰。公武，字子止，山東鉅野人。紹興進士，官至敷文閣直學士。晁氏承其家文元公七代之學，藏書宏富，博覽不倦。及守榮州，又得到四川轉運使南陽井度的贈書，乃於簿書之暇，親自校讎，每書撮其旨意，撰郡齋讀書志，書成於紹興二十一年，晁氏自序云：

> 公武家自文元公來，以翰墨為業者七世，故家多書，至於是正之功，世無與讓焉。然自中原無事時，已有火厄；及兵戈之後，尺素不存也。公武仕宦連蹇，久益窮空，雖心志未衰而無書可讀，每恨之。南陽公天資好書，自知興元府至領四川轉運使，常以俸之半傳錄，時巴蜀獨不被兵，人間多有異本，聞之未嘗不力求，必得而後已。歷二十年，所有甚富，既罷，載以舟，卽廬山之下居焉。宿與公武厚，一日貽書曰：「某老且死，有平生所藏書，甚秘惜之，顧子孫稚弱，不自樹立，若其心愛名，則為貴者所奪，若其心好利，則為富者所售，恐不能保也。今舉以付子，他日其間有好學者歸焉，不然，則子自取之。」公武惕然從其命，書凡五十篋，合吾家舊藏，除其復重得二萬四千五百卷有奇。今三榮僻左少事，日夕躬以朱黃讎校舛誤，終篇輒撮其大旨論之，豈敢效二三子之博聞，所期者不墜家聲而已，書則固自若也，儻遇其子孫之賢者，當如約。紹興二十一年元日昭德晁公武序。

所著錄的書，皆有敍錄，或論析書中的要旨，或介紹作者的始末，或詳敍學派的淵源，或斠定篇章的次第，具有傳統目錄書的體制，只是沒有小序，僅在每部之前作一篇總序。原志四卷，最初刋於四川，後四川又別行晁氏門人姚應績編二十卷本，於原志有所增益。宋理宗淳祐九年南充游鈞守衢州傳刻姚本於信安郡，是爲衢州本。十年鄱陽黎安朝守袁州，於原志四卷之後，錄衢本姚氏所增爲後志二卷，又錄趙希弁藏書爲附志一卷，刋於郡齋，是爲袁州本。衢本收書一千四百六十一部，袁本前後志收書一千四百六十八部，又附志五百六十九部，今並行於世，爲我國現存最早的私家目錄。衢州原刻本今已失傳，覆刻本有清嘉慶二十四年吳門汪士鍾藝芸精舍刋本、清光緒六年會稽章氏式訓堂刋本，又王先謙校刋本據衢本爲底本，亦多視爲衢本。袁州原刻本現藏國立故宮博物院，民國二十四年上海涵芬樓曾影印此本，收入四部叢刊三編。

晁氏自以爲所錄之書，史集居半數，若依七略則多寡不均，故亦分爲四部，其類目如下：

經部——易、書、詩、禮、樂、春秋、孝經、論語、經解、小學十類。

史部——正史、編年、實錄、雜史、僞史、史評、職官、儀注、刑法、地理、傳記、譜牒、書目十三類。

子部——儒、道、法、名、墨、縱橫、雜、農、小說、天文、曆算、五行、兵家、類書、藝術、醫書、神仙、釋書十八類。

集部——楚辭、別集、總集、文說四類。

共四部四十五類，大抵依據崇文總目，惟經部增經解，史部增史評而刪去歲時，並改氏族爲譜牒，子部刪算術、卜筮而併入曆算、五行內，集部增楚辭一類外，其他無所變革。所增的史評類爲後代目錄書所沿用。

二、遂初堂書目

宋尤袤撰。尤袤字延之，江蘇常州無錫人。紹興十八年進士，官至禮部尚書。尤氏藏書甚富，遂初堂書目，卽其家藏書目，又名益齋書目，書末有楊萬里（傳本遂初堂書目作李燾，疑說郛傳錄之誤）序，云：

> 延之於書靡不觀，觀書靡不記。……延之每退則閉門謝客，日計手抄若干古書，其子弟亦抄書，不惟延之手抄而已也。其諸女亦抄書，不惟子弟抄書而已也。……曰：「吾所抄書，今若干卷，將彙而目之。饑讀之以當肉，寒讀之以當裘，孤寂而讀之以當友朋，幽憂而讀之以當金石琴瑟也。」（見楊氏誠齋集卷七十八益齋藏書目序）

尤氏篤嗜典籍由此可知。文獻通考經籍考卷三十四有遂初堂書目一卷，引誠齋序略，與益齋藏書目序相同，由此可知遂初堂書目亦名益齋書目。四庫全書總目卷八十五遂初堂書目提要亦云：「楊萬里誠齋集，有爲袤作益齋書目序，其名與此不同，然通考引萬里序列遂初堂書目條下知卽一書」。

此目編成於光宗時，是一部比較特殊的書目，書只一卷，無小序及敍錄，僅著錄書名，偶冠上著者姓名，且不載卷數，極爲簡略，故四庫提要疑爲傳寫者所删削，非其原書。然今世傳本乃元末陶宗儀說郛所錄，陶氏注云：「一卷全抄」，知原目本就草簡如此，並非後人删削。惟目中間註明版本，凡一書收藏有幾部而版本不同者，分別予以著錄，有成都石刻、舊監本、京本、杭本、高麗本、江西本、朱氏新定、川本、嚴州本、吉州本、越州本、湖北本、越本、舊杭本、舊本、川本小字、川本大字、朱墨本等，爲後世書目記版本的權輿。

此目凡分四部四十四類，其類目如下：

經部——經總、周易、尙書、詩、禮、樂、春秋、論語（孝經孟子附）、小學九類。

史部——正史、編年、雜史、雜傳、故事、僞史、國史、本朝雜史、本朝故事、本朝雜傳、實錄、職官、儀注、形法、姓氏、史學、目錄、地理十八類。

子部——儒家、雜家、道家、釋家、農家、兵家、數術、小說、雜藝、譜錄、類書、醫書十二類。

集部——別集、章奏、總集、文史、樂曲五類。

此目雖以四部分類，但類目與自來的四部大相逕庭。經部新增經總一類，以收經書合刻；史部在正史、編年、雜史、雜傳、故事以外，又將宋朝的國史、雜史、故事、雜傳別出爲類；子部將法名墨縱橫四家併入雜家，實在是淆亂體例，破壞學術系統的部次法，而影響及於後代。此外他又在子部新增譜錄一類，以收舊目無適當部類可附的香譜、石譜、蟹譜等書，則是比較可取的創例。

四庫全書總目卷八十五著錄遂初堂書目一卷，提要云：

其例略與史志同，惟一書兼載數本以資互考，則與史志小異耳。諸書解題，檢馬氏經籍考無一條引及袤說，知原本如是。惟不載卷數及撰人，則疑傳寫者所刪削，非其原書耳。其子部別立譜錄一門，以收香譜、石譜、蟹譜之無可附者，為例最善。間有分類未妥者，如元經本史而入儒家，錦帶本類書而入農家，琵琶錄本雜藝而入樂之類。亦有一書偶然複見者，如大歷浙東聯句一入別集，一入總集之類。又有姓名譌異者，如玉瀾集本朱槔作而稱朱喬年之類。然宋人目錄存於今者，崇文總目已無完書，惟此與晁公武志為最古，固考證家之所必稽矣。

此目分類之優劣及其重要性亦由此可見。

三、直齋書錄解題

宋陳振孫撰。陳氏字伯玉，號直齋，浙江吉安人。陳氏少時並無藏書，後至福建莆田為官，傳錄夾漈鄭氏（樵）、方氏（漸）、林氏（霆）、吳氏（與）舊書至五萬一千一百八十餘卷，且倣晁氏讀書志撰直齋書錄解題，書成於理宗時。原本五十六卷，清以來不傳，今本二十二卷，乃四庫館臣自永樂大典中輯出，並參校文獻通考經籍考而訂成，四庫輯本後刊入武英殿聚珍版叢書。其體例大抵規仿晁志，唯無總序，而間有小序。每部書之下有解題，以品評其書的得失。此目不標經、史、子、集之名，僅將所藏典籍，區分為五十三類：

易類、書類、詩類、禮類、春秋類、孝經類、語孟類、經解類、讖緯類、小學類。

正史類、別史類、編年類、起居注類、詔令類、僞史類、雜史類、典故類、職官類、禮注類、時令類、傳記類、法令類、譜牒類、目錄類、地理類。

儒家類、道家類、法家類、名家類、墨家類、縱橫家類、農家類、雜家類、小說家類、神仙類、釋氏類、兵書類、曆象類、陰陽家類、卜筮類、形法類、醫書類、音樂類、雜藝類、類書類。

楚辭類、總集類、別集類、詩集類、歌辭類、章奏類、文史類。

其先後次第，仍本之四部。類目之詳密，宋元以前的收藏目錄，實以此目爲最。其特點爲新創別史類，爲宋志、四庫所承襲；他又刪去經部的樂類，而在子部立音樂類，則是受鄭寅的影響，其餘的類目雖繁，大都不出前代目錄的範圍。

宋人目錄雖多，但傳世者無幾，官書若崇文總目，已非完本。私家收藏目錄，僅存上述三種，尚可藉此考見宋時典籍之存佚，故爲考證家所重視。

丙、私家不守四部成法之目錄

我國四部分類，自晉荀勗創立，歷南北朝，迄初唐編隋書經籍志而定於一尊，入宋後，始有突破其藩籬者，分別論述於後：

一、邯鄲圖書志

宋李淑撰。李氏字獻臣，江蘇徐州人。眞宗天聖五年進士，累官龍圖閣學士，爲北宋著名的藏書家，於仁宗皇祐元年撰邯鄲圖書志十卷，其目不傳，不詳其類例細目。今據郡齋讀書志知李氏把家藏的圖書區分爲五十七類，經史子集凡一千八百三十六部二萬三千一百八十六卷，其外又有藝術志、道書志、書志、畫志，合計八目十卷，又號圖書十志。他的這種分類法雖說不止四部，仍未脫四部的窠臼，實以四部爲主，所增列的四志有如七錄的外篇、隋志的附錄。其目旣有藝術，又分列書畫二門；有道書而無釋典，其意實不可解。後其子德芻有邯鄲再集書目三十卷，亦不傳。

二、通志藝文略

宋鄭樵撰。鄭氏字漁仲，學者稱夾漈先生，福建莆田人。撰通志二百卷，其中有藝文略一篇八卷，把中國古今目錄所收之書，區分爲十二類。鄭氏在通志校讎略編次必謹類例論一則中曾云：

學之不專者，爲書之不明也。書之不明者，爲類例之不分也。有專門之書，則有專門之學；有專門之學，則有世守之能。人守其學，學守其書，書守其類，人有存沒而學不息，世有變故而學不亡。以今之書校古之書，百無一存，其故何哉？士卒之亡者，由部伍之法不明也；書籍之亡者，由類例之法不分也。類例分則百家九流各有條理，雖亡而不能亡也。

於是鄭氏詳別類例，於十二類之下，區分爲一百五十五小類，小類之下，再分爲二百八十四目，非常的細密，玆列其類目如下：

經類第一

易——分古易、石經、章句、傳、注、集註、義疏、論說、類例、譜、考證、數、圖、音、讖緯、擬易十六目。

書——分古文經、石經、章句、傳、注、集註、義疏、問難、義訓、小學、逸篇、圖、音、續書、讖緯、逸書十六目

詩——分石經、故訓、傳、注、義疏、問辨、統說、譜、名物、圖、音、緯學十二目。

春秋——分經、五家傳注、三傳義疏、傳論、序、條例、圖、文辭、地理、世譜、卦繇、音、讖緯十三目。

春秋外傳國語——分注解、章句、非駮、音四目。

孝經——分古文、注解、義疏、音、廣義、讖緯六目。

論語——分古論語、正經、注解、章句、義疏、論難、辨正、名氏、音釋、讖緯、續語十一目。

爾雅——分注解、圖、義、音、廣雅、雜爾雅、釋言、釋名、方言九目。

經解——分經解、諡法二目。

禮類第二

周官——分傳注、義疏、論難、義類、音、圖六目

儀禮——分石經、注、疏、音四目

喪服——分傳注、集註、義疏、記要、問難、儀注、譜、圖、五服圖儀九目

禮記——分大戴、小戴、義疏、書鈔、評論、名數、音義、中庸、讖緯九目

月令——分古月令、續月令、時令、歲時四目

會禮——分論鈔、問難、三禮、禮圖四目

儀注——分禮儀、吉禮、賓禮、軍禮、嘉禮、封禪、汾陰、諸祀儀注、陵廟制、家禮祭儀、東宮儀注、后儀、王國州縣儀注、朝會儀、耕籍儀、車服、國璽、書儀十八目

樂類第三

樂書　歌辭　題解　曲簿　聲調　鐘磬　管絃　舞　鼓吹　琴　讖緯十一小類

小學類第四

小學　文字　音韻　音釋　古文　法書　蕃書　神書八小類

史類第五

正史——分史記、漢、後漢、三國、晉、宋齊梁陳、後魏北齊北周、隋唐、通史九目
編年——分古史、兩漢、魏吳、晉、宋、齊、梁、陳、後魏、北齊、隋、唐、五代、運歷、紀錄十五目
覇史
雜史——分古雜史、兩漢、魏、晉、南北朝、隋、唐、五代、宋朝九目
起居注——分起居注、實錄、會要三目
故事
職官
刑法——分律、令、格、式、勅、總類、古制、專條、貢舉、斷獄、法守十一目
傳記——分耆舊、高隱、孝友、忠烈、名士、交遊、列傳、家傳、列女、科第、名號、冥異、祥異十三目。
地里——分地理、都城宮苑、郡邑、圖經、方物、川瀆、名山洞府、朝聘、行役、蠻夷十目。
譜系——分帝系、皇族、總譜、韻譜、郡譜、家譜六目。
食貨——分貨寶、器用、豢養、種藝、茶、酒六目。

目錄——分總目、家藏總目、文章目、經史目四目。

諸子類第六

儒術

道家——分老子、莊子、諸子、陰符經、黃庭經、參同契、目錄、傳、記、論、書、經、科儀、符籙、吐納、胎息、內視、道引、辟穀、內丹、外丹、金石藥、服餌、房中、修養二十五目。

釋家——分傳記、塔寺、論議、銓述、章鈔、儀律、目錄、音義、頌贊、語錄十目。

法家

名家

墨家

縱橫家

雜家

農家

小說家

兵家——分兵書、軍律、營陣、兵陰陽、邊策五目。

天文類第七

天文——分天象、天文總占、竺國天文、五星占、雜星占、日月占、風雲氣候占、寶氣八目。

曆數——分正曆、曆術、七曜曆、雜星曆、刻漏五目。

算術——分算術、竺國算法二目。

五行類第八

易占、軌革、筮占、龜卜、射覆、占夢、雜占、風角、鳥情、逆刺、遁甲、太一、九宮、六壬、式經陰陽、元辰、三命、行年、相法、相笏、相印、相字、堪輿、易圖、婚姻、產乳、登壇、宅經、葬書三十小類

藝術類第九

射、騎、畫錄、畫圖、投壺、奕碁、博塞、象經、摴蒲、彈碁、打馬、雙陸、打毬、彩選、葉子格、雜戲格十六小類

醫方類第十

脈經、明堂鍼灸、本草、本草音、本草圖、本草用藥、採藥、炮炙、方書、單方、胡方、寒食散、

病源、五臟、傷寒、脚氣、嶺南方、雜病、瘡腫、眼藥、口齒、婦人、小兒、食經、香薰、粉澤二十六小類

類書類第十一

文類第十二

楚辭、歷代別集、總集、詩總集、賦、贊頌、箴銘、碑碣、制誥、表章、啓事、四六、軍書、案判、刀筆、俳諧、奏議、論、策、書、文史、詩評二十二小類

鄭氏的分類固然是突破了四部的藩離，但仍可看出四部脫胎出的痕跡。鄭氏將經部的禮、樂、小學三門析出，各自獨立爲類；將術藝、方伎、類書從子部析出，分爲天文、五行、藝術、醫方、類書五大類；史集兩部大體未變，僅門類小有分合，或是改易名稱。他的改革，頗糾正了四部法中若干不合理而爲人所詬病的地方。譬如樂經早佚，後代的書目把律呂、曲調、管絃一類的書合稱樂類入經部；又把訓詁、字學、韻書等合爲小學類列在經部，都發生了名實不能相符的弊病。因爲這些書既非傳統的經典，也不是註釋經典的書，劉歆列入六藝略，荀勗、李充放在甲部皆無問題，既名爲經部則就不可以了。術藝、方伎、類書之屬，其性質各有不同，都與空談理論的諸子書異。鄭樵能把這些不同倫類的書各自爲類，足見他的識見高卓，自然比四部法要合理得多。只有三禮，自漢以來，即已尊爲經典，鄭氏也把它自經部析出，與後代禮儀的書合爲一類，則就不一定妥當了。

我國自來的書目分類，僅只有部與類兩級，且從無如鄭氏所分的纖細。至於類下再析分子目，則

創始於鄭樵，而爲明淸兩代的目錄書所沿襲。蓋鄭氏認爲古書之容易亡佚，學術之不能專門世守，都是因爲編撰書目的人，未能明類例的緣故。所以鄭氏在編次必謹類例論中又云：

> 類例既分，學術自明，以其先後本末具在。觀圖譜者可以知圖譜之所始，觀名數者可以知名數之相承；讖緯之學，盛於東都，音韻之書，傳於江左，傳注起於漢魏，義疏盛於隋唐。觀其書可以知其學之源流，或舊無其書而有其學者，是爲新出之學，非古道也。（校讎略）

所以他詳細地條別類例，無論現存或失傳的書，均予以著錄，俾使閱目錄者，可以知曉各門學術的淵源流變；從事專門學術研究者，可以據目以求，而古籍也就不容易亡佚了。因此他不撰小序，並譏解題爲無意義。固然鄭氏的詳類例而學術自明之說，在理論上並無不通，但其先決條件須著錄所有亡佚的書，就不是自來目錄書所能作到的。他不了解「辨章學術，考鏡源流」，是目錄體制中的小序與敍錄的功能，而必欲詳類例以明學術，所以編目部次時往往進退失據，後來焦竑、章學誠等人糾擧他失當之處頗多。四庫提要也批評它的錯誤，云：

> 藝文略則分門太繁。又韓愈論語解，論語類前後兩出；張弧素履子，儒家道家兩出，劉安淮南子，道家雜家兩出。荆浩筆法記，乃論畫之書，而列於法書類；吳興人物志、河西人物志，乃傳記之流，而列於名家類。段成式之玉格，乃酉陽雜俎之一篇，而列於寶器類，尤爲荒謬。

鄭氏總括千餘年的著作於藝文略中，錯誤失當之處，在所難免，亦不必加以苛責。

鄭氏通志除了藝文、圖譜、金石三略外，又特撰校讎略一篇，來發揮他對於求書、校書、以及分類編目的意見。我國自漢以來，有目錄之書、有目錄之學，而研究目錄學的專著，則以此篇爲嚆矢。他所提出「即類以求、旁類以求、因地以求、因家以求、求之公、求之私、因人以求、因代以求」的求書八法，以及「一類之書，當集在一處，不可有所間」；編目應當「以人類書」，不當「以書類人」；又不可苟且，「見名不見書」，「看前不看後」等意見，多爲後代的藏書採訪編目時所採用。

三、鄭氏書目

宋鄭寅撰。鄭氏字子敬，福建莆田人。鄭樵族孫，爲南宋末期福建大藏書家，藏書數萬卷，於端平間撰鄭氏書目七卷，把所藏的書分爲經、史、子、藝、方技、文、類書七大類（據直齋書錄解題卷八），即從鄭樵的類例併合而來，特併禮、樂、小學於經錄，合天文、五行、醫方爲方技錄而已。鄭氏能拔藝技類書與四部分庭抗禮，則較鄭樵藝文略合理，可惜其目不傳，對他的分類詳情無法知曉。惟直齋書錄解題卷十四音樂類云：

> ……而前志相承，乃取樂府教坊琵琶羯鼓之類，以充樂類，與聖經並列，不亦悖乎？晚得鄭子敬氏書目，獨不然，其為說曰：「儀注編年各自為類不得附於禮、春秋，則後之樂書，固不得列於六藝。」今從之。

今據陳氏所言，可以略知鄭氏書目分類的大概，鄭氏不將後代的樂書列於六藝，可以說是中國圖書分類學上的一大貢獻。

第六章　部類試圖改革時期的目錄(二)——元明

元明兩朝可以說是我國目錄學衰微不振的時期，一般整理藏書編目的，大多視書目爲供檢點的賬簿，不僅沒有產生過能合乎我國目錄學標準體制的目錄，能求其類例清晰，部次有條理，已經算得上難能可貴了。至於對錄略之學作理論上的發明，則更不多見，但自分類而言，却是一個解放的時代。玆將元明兩朝的官修目錄、私家遵循四部之目錄、私家不守四部成法之目錄，分別論述於後：

甲、官修目錄

一、秘書監志

元王士點、商企翁同撰。元人起自沙漠，武功之盛，超越前代，惟對於文教之事，則無暇顧及。至元十年正月，立秘書監，掌圖書經籍。十一月立興文署，刊刻諸經子史。其下臨安後，又盡收宋秘書省、國子監所藏典籍，由海道北運大都，秘書監所藏圖書，應該相當可觀，然未曾如唐開元、宋慶曆之撰修目錄。惟至正中曾以秘書監所藏古書編類成號，置簿繕寫，但藏書簿已失傳。至正二年著作郎王士點、著作佐郎商企翁同編元秘書監志十一卷，統計經類四百一十六部，四千三百四冊，而無史子集三部。（據朱彝尊經義考卷二百九十四）故僅能略知其時藏書之大略。而洪武初修元史，不撰藝文志，於是一代秘閣所藏，遂無所考見。

二、宋史藝文志

元脫脫等撰。至正初纂修宋史，採兩宋諸國史藝文志，刪除小序及解題，去掉重複，增加寧宗以後的著作，撰成宋史藝文志。序言：

> 宋舊史，自太祖至寧宗，為書凡四。志藝文者，前後部帙，有亡增損，互有異同。今刪其重複，合為一志，益以寧宗以後史之所未錄者，倣前史分經、史、子、集四類而條列之，大凡為書九千八百十九部，十一萬九千九百七十二卷云。

此目凡分四部四十四類，其類目如下：

經部——易、書、詩、禮、樂、春秋、孝經、論語、經解、小學十類

史部——正史、編年、別史、史鈔、故事、職官、傳記、儀注、刑法、目錄、譜牒、地理、霸史十三類

子部——儒家、道家（釋氏及神仙附）、法家、名家、墨家、縱橫家、農家、雜家、小說家、天文、

五行、著龜、曆算、兵書、雜藝術、類事、醫書十七類

集部——楚辭、別集、總集、文史四類

大抵依據舊唐志而略有增減，經部併訓詁於小學類，刪去讖緯類；史部將起居注附於編年類，增加史鈔類；子部從五行類分出著龜類，併經脈、醫術爲醫書；集部則據崇文總目增文史類。此目因係合衆目爲一志，故編次草率，重複顚倒，不可勝數，如李綽尚書故實、郭憲洞冥記，既見於史部傳記類，又見於子部小說類；如趙曄吳越春秋，司馬彪九州春秋，旣見於別史類，又見於覇史類；如晁公武郡齋讀書志，目錄類旣著錄爲四卷，傳記類又著錄爲二十卷，不知一爲袁州本，一爲衢州本，於是析爲二書；如儒家類有馬融忠經，雜家類有海鵬忠經，而不知忠經卽海鵬所撰，後人誤託之馬融。且理宗以後的典籍，闕漏甚多，度宗以後新出之書，又未及收錄，所以四庫提要評爲諸史中最叢脞之作。

三、文淵閣書目

明楊士奇撰。明太祖入定燕京，首先命大將軍徐達接收元秘書監所藏圖書，運送南京，並下令徵求四方遺書，設秘書監丞，後改爲翰林典籍來掌管。成祖永樂四年，又命禮部尙書鄭賜派遣使者不惜重價，至民間訪求搜購。及至永樂十九年遷都北京，又命修撰陳循取南京文淵閣所藏圖書每種各擇一部凡百櫃，運至北京文淵閣。宣宗曾親臨文淵閣披閱經史，並與少傅楊士奇等討論。當時所藏書籍大約二萬餘部，近百萬卷，刻本佔十分之三，抄本佔十分之七，但未曾編有藏書目錄。至英宗正統年

間，楊士奇等始上言：「文淵閣所貯書籍，有祖宗御製文集及古今經史子集之書，向貯左順門北廊，今移於文淵東閣。臣等逐一點勘，編成書目。」此即今傳之文淵閣書目，共二十卷，此目以千字文排列，自天字至往字，共二十號五十櫥。此目本爲閣中存記册籍的總帳，原來就不是編撰成目錄專書，所以編次草率簡陋，毫無分類可言。首曰國朝，專門著錄明初諸帝王的御製、勅撰以及政書、實錄，其次自易、書、詩以下一共列有三十七個門類，雖仍存有經史子集的名稱，然不以爲部門，其門類實與歷代的四部目錄不同，今列其類目於下：

國朝（天字號凡五櫥）、易、書、詩、春秋、周禮、儀禮、禮記（以上地字號凡四櫥）、禮書、樂書、諸經總類（附孝經、訓詁，以上玄字號一櫥）、四書、性理、經濟（以上黃字號凡三櫥）、史（宇字號六櫥）、史附、史雜、（以上宙字號凡二櫥）、子書（洪字號一櫥）、子雜、雜附（荒字號一櫥）、文集（日字號三櫥）、詩詞（月字號二櫥）、類書（盈字號六櫥）、韻書、姓氏（以上昃字佛書號一櫥）法帖、畫譜（諸譜附，以上辰字號凡二櫥）、政書、刑書、兵法、算法（以上宿字號一櫥）、陰陽、醫書、農圃（以上列字號二櫥）、道書（張字號一櫥）、（寒字號二櫥）、古今志（來字號一櫥）、舊志（暑字號三櫥）新志（往字號三櫥）

所著錄的書不載卷數及作者，僅記書名及册數，下注完全、或闕、殘缺等字樣。一種書有許多部的，也一併載列。譬如御製文集有二十部，資治通鑑有十五部等等。且編次冗亂，謬誤百出，如方言、釋名入子雜，崇文總目、直齋書錄解題、博古圖、大事記通釋、李梅亭四六入類書，洞天清祿集入道書，錢譜、泉志入算法，國老談苑入農圃，天原發微入性理等。又許氏說文四部，二部入法帖，二部入韻書。其他如史、史附、史雜、子雜各類，雜亂無序，既非依書的內容分類，亦非依書的體裁分類。所以淸周中孚鄭堂讀書記卷三十二批評這部書目說：「如此著錄，從來官撰私著所未有。」唯文淵閣所藏圖書，本爲宋金元三朝秘閣所藏，且元史不撰藝文志，文淵閣藏書自明中葉以後，又散失殆盡，所以四庫總目提要說：「惟藉此編之存，尙得略見一代之名數，則亦考古所不廢也。」自晉以來，歷代秘閣的書目都以四部分類，相沿成習。自此目出，打破了往例，故明代的私家藏書編纂書目，頗多引爲護身符，任意新創部類，不再遵守四部的成規，在中國圖書分類史上，實爲一大解放，故論者以爲文淵閣書目有衝鋒陷陣之功。

四、內閣藏書目錄

明張萱撰。自正統以後，因爲保管不善，文淵閣中的舊籍日漸殘缺流散。孝宗弘治間，大學士邱濬曾上疏請將文淵閣書目與閣中藏書比校，核對有無殘缺，並分經、史、子、集四部，及雜書、類書二種加以部次，記其總數。孝宗雖納而未行。因當時典掌書籍者大半爲貲郎，對於四部之旨懵然無知，又不知愛惜閣中收藏，故書籍漸爲人所竊取，於是缺逸過半。至世宗嘉靖時，御史徐九皋乃上疏請求訪購遺書，以充秘府，但事格不行。及至神宗萬曆時，中書舍人張萱等始請於閣臣，將文淵閣所藏圖書重加檢校，親自部次，於萬曆三十三年撰內閣藏書目錄八卷。將此目與文淵閣書目相校，舊目所錄十不存一，所增書目都是明代歷朝編撰的書。此目每書後略記撰人姓氏爵里，間注卷數存缺，較文淵閣書目詳細，但著錄的並不完備。此目卷一爲聖制部、典制部，卷二爲經、史、子三部，卷三集部，卷四總集、類書、金石、圖經四部，卷五樂律、字學、理學、奏疏四部，卷六傳記、技藝兩部，卷七志乘部，卷八雜部，共分爲十八部，大抵依文淵閣書目省併而來，部類參差，無甚條理系統。如太常、大僕寺諸志，列於志乘，與地志並載；江南經略歸入集部；至於雜部尤爲冗亂，幾乎各類書籍都有。自目錄學的標準而論，殊無足道，僅能藉此目略窺明末內府藏書的情形而已。

乙、私家遵循四部之目錄

元代私家目錄、寥寥無幾，依四部分類的，只有元初馬端臨所撰文獻通考中的經籍考。明代私人藏書甚多，而編有目錄的也不少，僅就黃虞稷千頃堂書目著錄，即不下五十餘種，惟歷時旣久，散失亦多。今就現存及可考的來看，有特色有貢獻的却不少。其中依四部分類的，有高儒、朱睦㮮、徐𤊹、焦竑、祁承㸁、黃虞稷等六家。玆分別論述於後：

一、文獻通考經籍考

元馬端臨撰。鄱陽馬端臨撰文獻通考三百四十八卷，中有經籍考七十六卷。這部目錄鉅著並不是藏書目，著錄的也不一定都是他當時現存的書，完全根據宋晁公武郡齋讀書志、陳振孫直齋書錄解題、崇文總目等書目，以及各家筆記雜說、文集中的序跋等排比成書，以供學者的參考。其自序言：

所錄諸書，先以四代史志列其目，其存於近世而可考者，則採諸家書目所評，並旁搜史傳文集雜說詩話，凡議論所及，可以紀其著作之本末，考其流傳之真偽，訂其文理之純駮者，則具載焉。

可見此目乃排比舊文、博採衆說，自己偶有所發明，則酌加按語附於後。馬氏曾譏評鄭樵通志略「高自稱許，而所自爲則不堪檢點。」（卷二十八夾漈通志略）所以馬氏說：「前史著錄，若一一考訂，改而正之，則既不欲以臆見改前史之舊文，且所錄諸書，蓋有前史僅存其名，晚學實未嘗見其書者，則亦無由知其編類之得失，是以姑仍其舊。」（卷廿二覇史偽史小序案語）此目凡分四部五十六類，其類目如下：

經部——易、書、詩、禮、春秋、論語、孟子、孝經、經解、樂、儀注、謚法、讖緯、小學十四類

史部——正史、編年、起居注、雜史、傳記、僞史覇史、史評史鈔、故事、職官 刑法、地理、時令、譜牒、目錄十四類

子部——儒家、道家、法家、名家、墨家、縱横家、雜家、小說家、農家、天文、曆算、五行、占筮、形法、兵書、醫家、房中、神僊家、釋氏、類書、雜藝術二十一類

集部——賦詩、別集、詩集、歌詞、章奏、總集、文史七類

其分類大抵依據陳振孫直齋書錄解題，但於經部增諡法，而分論孟爲二，並將史部禮注改爲儀注，子部音樂改名樂類列於經部；史部刪去別史、詔令，而增史評史鈔一門；子部多房中，分曆象爲天文、曆算二門而已。

此目卷首有大序一篇，敍述典籍之聚散存亡。四部之下雖各無總序，然每類類名之後，則有小序，其內容或述是類的學術源流、派別，或闡明其所以立是類以及改隸部屬的緣由。馬氏在這部目錄書中雖然沒有什麼創見，但此目的體裁却是新創的，與前代的目錄書不同。若推考其淵源，可上溯佛教目錄中的梁朝和尚僧佑編的出三藏記集，而下開清朱彝尊的經義考及謝啓昆的小學考。

二、百川書志

明高儒撰。儒字子醇，號百川子，涿州人，喜藏書，於嘉靖十九年撰百川書志二十卷。其自序云：

> 儒家讀書數世，經籍難於大備，亦無大闕。及儒復愈勵先志，銳意訪求，或傳之士大夫，或易諸市肆。數年之間，連牀插架，經籍充備，致難於檢閱。因閒居啓先世之藏，發數年之積，不啻萬卷。各以類從，少著大意，條目昭明，損益古志，大分四部，細列九十三門，裁訂二十卷。

明代官修目錄，均極爲草率，所以私家藏書目錄、亦多簡略。高氏書志雖無小序的體制，但每書之下除記書名、卷數及撰人姓名外，頗有考訂、或記撰者的里貫仕履、或敍述書的內容編次，或品評其立說的高下，雖不能如晁志、陳錄的詳盡，却猶勝於無，足可供後人參考。此目凡四部九十三類，其類目如下：

經志——易、書、詩、禮、春秋、大學、中庸、論語、孟子、孝經、經總、儀注、小學、道書、樂、蒙求十六類

史志——正史、編年、起居注、雜史、史鈔、故事、御記、史評、傳記、職官、地理、法令、時令、目錄、姓譜、史詠、譜牒、文史、野史、外史、小史二十一類

子志——儒家、道家、法家、名家、墨家、縱橫家、雜家、兵家、小說家、德行家、崇正家、政教家、隱家、格物家、翰墨家、農家、醫家、衛生術、房中術、卜筮家、曆數家、五行、陰陽、占夢、形法、神仙、佛、雜藝、子鈔、類書三十類

集志——秦漢六朝文、唐文、宋文、元文、聖朝御製文、睿制文、名臣文、漢魏六朝詩、唐詩、宋詩、元詩、聖朝御製詩、睿制詩、名臣詩、詔制、奏議、啓劄、對偶、歌詩、詞曲、文史、總集、別集、唱和、紀跡、雜集二十六類

自古以來依四部分類的目錄，沒有一部比此目更詳密的。但是「以道學編入經志，以傳奇爲外史，瑣語爲小史，俱編入史志，可乎？儒家外，別分德行、崇正二家，亦太叢雜不倫。」（周中孚鄭堂讀書記卷三十二）且史志既有文史，集志又有文史，名同而實異，亦無以自解。是故後代目錄書，沒有依循此目

的。我國傳奇演義的著作，元明兩期雖盛極一時，但難登大雅之堂，故目錄書均未曾著錄。高氏則將此類書籍列於史志的野史、外史、小史三門，可以說開此風氣之先。

三、萬卷堂書目

明朱睦㮮撰。睦㮮字灌夫，號西亭，周王橚六世孫，萬曆初擧宗正。家富藏書，於住宅西邊建屋五間，取名萬卷堂，以收藏圖書。撰萬卷堂書目四卷，其自序言：「仿唐人法，分經史子集，編爲四部。」其類目如下：

經部——易、書、詩、春秋、禮、樂、孝經、論語、孟子、經解、小學十一類
史部——正史、編年、雜史、制書、傳記、職官、儀注、刑法、譜牒、目錄、地志、雜志十二類
子部——儒、道、釋、農、兵、醫、卜、藝、小說、五行十類
集部——楚辭、別集、總集三類

共四部三十六類，大抵依據唐宋各家目錄，唯史部增制書一類。此目僅記書名、卷數及撰人姓名，甚爲簡略。

四、紅雨樓家藏書目

明徐𤊹撰。𤊹字惟起，改字興公，晉安人。家富藏書，積至三萬三千餘卷，於萬曆間撰紅雨樓家

藏書目四卷，分四部四十九類，其類目如下：

經部——易、書、詩、禮、樂、春秋、論語、孝經、學庸、孟子、爾雅、經總十二類

史部——正史、旁史、本朝世史彙、人物傳（下分聖賢、歷代、各省、名賢四目）、姓氏、族譜、年譜、科目、家訓、方輿十類

子部——諸子、子、小說、兵、卜筮、地理、醫、農圃、器用、藝術、韻、字、書（書法）、畫、彙書、傳奇、道、釋十八類

集部——集、總集、總詩、詞調、詩話、啓劄、四六、連珠、家集九類

除經部於六藝、論語、孝經外，僅增學庸、孟子、爾雅、經總，略存舊貌，其餘三部變動極大。唯以韻書、字書、傳奇列於子部，頗感不倫。史分正旁，亦嫌過簡，實無足觀。

五、國史經籍志

明焦竑撰。竑字弱侯，號澹園，江寧人，萬曆十七年狀元，爲翰林院編修。萬曆二十二年，大學士陳于陛建議修國史，推薦焦竑主持其事，焦氏於是先撰經籍志六卷，後國史雖然未能修成，但因經籍志係爲國史而纂修，故後來仍以國史爲名。焦氏自爲諸生時，即頗有文氣，在明代諸儒中，以淹博見稱，故所撰經籍志，頗具法度。其自序云：

劉歆七略，類例精已。荀勗乃更著新錄，析為四部，合兵書、術數、方伎於諸子，春秋之內別

出史記，經、子、文賦一仍其舊。綠近世史籍猥衆，若循七略，多寡不均，故謝靈運、任昉悉以勗例銓書，良謂此也。今之所錄，亦準勗例，以當代見存之書，統於四部，而御製諸書則冠其首焉。

此目大抵取法鄭樵通志藝文略，在部類之下，再細分子目。又所收的書，不論存佚與否。惟併鄭樵的十二大類一百五十五小類爲四部四十八類。全目六卷，首列御製書類，以御制、中宮著作、敕修書及記注時政等書附列，不在四部之中，係本之文淵閣書目，餘則分經史子集四部，末附糾繆一卷，則爲駁正漢隋唐宋諸史志及唐四庫書目、宋崇文總目、鄭氏藝文略、晁氏讀書志，馬氏經籍考諸目編次分隸的錯誤。此目卷前有大序一篇，四部四十八類後各有小序一篇（子部天文家分爲天文、歷數兩目，各有小序，集部詩文評係附錄，無小序），共得四十八篇，加上御製書類的小序，計共四十九篇，大抵敍述門類分隸的原由。玆列其類目如下：

經類

易——古易、石經、章句、傳注、集注、疏義、論說、類例、譜、考正、音、數、圖、讖緯十四目

書——石經、章句、傳注、集解、疏義、問難、圖譜、名數、音、緯候十目

詩——石經、故訓、傳注、義疏、問辨、統說、名物、圖譜、音、緯十目

春秋——石經、左氏、公羊、穀梁、通解、詰解、論說、條例、圖譜、音、緯、外傳十二目

禮——周禮、儀禮、喪服、三戴禮、通禮五目

樂——樂書、歌詞、曲簿、聲調、鐘磬、管絃、舞、鼓吹、琴九目

孝經——古文、傳注、疏義、考正、外傳、音、緯七目

論語——古文、正經、傳注、疏義、辨正、名氏圖譜、音釋、續語、事紀、廟典十目

孟子

經總解

小學——爾雅、書、數、近世蒙書四目

史類

正史——史記、漢、後漢、三國、晉、宋、齊、梁、陳、後魏、北齊、後周、隋、唐、五代、宋、遼、金、元、通史二十目

編年——古魏史、兩漢、魏、吳、蜀、晉、宋、齊、梁、陳、後魏、北齊、隋、唐、五代、宋、運歷、紀錄十八目

霸史

雜史——古雜史、兩漢、魏、晉、南北朝、隋、唐、五代、宋、金元十目

起居注——起居注、實錄、時政記三目

故事

職官

時令

食貨——貨寶、器用、酒茗、食經、種藝、豢養六目

儀注——禮儀、吉禮、凶禮、賓禮、軍禮、嘉禮、封禪、汾陰、諸祀儀、陵廟制、東宮儀、后儀、王國州縣儀、會朝儀、耕籍儀、車服、諡法、國璽、家禮祭儀、射儀、書儀二十一目

法令——律、令、格、式、勑、總類、古制、專條、貢舉、斷獄、法守十一目

傳記——耆舊、孝友、忠烈、名賢、高隱、家傳、交游、列女、科第、名號、冥異、祥異十二目

地里——地里、都城宮苑、郡邑、圖經、方物、川瀆、名山洞府、朝聘、行役、蠻夷十目

譜系——帝系、皇族（戚里附）、總譜、韻譜、郡譜、家譜六目

簿錄——總目、家藏總目、文章目、經史目四目

子類

儒家

道家——老子、莊子、諸子、陰符經、黃庭經、參同契、諸經、傳、記、論、雜著、吐納、胎息、內視、導引、辟穀、內丹、外丹、金石藥、服餌、房中、修養、科儀、符籙二十四目

釋家——經、律、論、義疏、語錄、偈頌、雜、傳記、塔寺九目

墨家

名家

法家

縱橫家

雜家

農家

小說家

兵家——兵書、軍律、營陣、兵陰陽、邊策五目

天文家——天文（天象、天文總占、天竺國天文、星占、日月占、風雲氣候物象占、寶氣）、歷數（正歷、歷術、七曜歷、雜星歷、刻漏）二目

五行家——易占、易軌革、筮占、龜卜、射覆、占夢、雜占、風角、鳥情、逆刺、遯甲、太一、九宮、六壬、式經、陰陽、元辰、三命、相法、相笏、相印、相字、堪餘、易圖、婚

嫁、產乳、登壇、宅經、葬書二十九目

醫家——經論、明堂鍼灸、本草、種采炮炙、方書、單方、夷方、寒食散、傷寒、脚氣、雜病、瘡腫、眼藥、口齒、婦人、小兒、嶺南方十七目

藝術家——藝術、射、騎、嘯、畫錄、投壺、奕棋、博塞、象經、樗蒲、彈棋、打馬、雙陸、打毬、彩選、葉子格、雜戲十七目

類家

集類

制誥

表奏

賦頌

別集

總集

詩文評

其類目十九與隋志相同，僅經類增孟子、總經解，而以緯書分隸各經之後；史類增時令、食貨二類，則從陳、鄭；子類增藝術、類書二類，則從新唐志；集類增制誥、表奏、詩文評，則從尤、陳諸家。

而其子目的詳分，則用通志藝文略的例子，稍爲有些出入而已。至於焦氏所收的書，雖然他在大序中說：「以當代見存之書，統於四部。」其實是以鄭氏藝文略爲底本，更動其部類，而略予增刪書目而成，並非親見或現存之書。如宋高宗實錄五百卷、孝宗實錄五百卷、光宗實錄一百卷、寧宗實錄三百卷、乃據宋史藝文志而列入，明代已無其書，清乾隆初年厲鶚咏南宋雜事詩，在其自注中已疑其所著錄非實。其他如王隱、虞預、臧榮緒等家所撰晋書，簿錄類所載唐以前諸目錄等等早已失傳，諸如此類，隨處可見，故招致後人的譏評。

清人對於此書毀多於譽，尤以清廷官修的書對此志恣意醜詆。乾隆初年張廷玉主纂的明史藝文志序云：

> 焦竑輯經籍志，號稱詳博，然延閣、廣內之藏，竑亦無從遍覽，則前代陳編，何憑記錄？區區掇於遺聞，冀以上承隋志，而贋書錯列，徒滋譌舛。

到了三十八年纂修四庫全書時，對此志摒不入錄，僅存其目，總目提要批評云：

> 顧其書叢鈔舊目，無所考核，不論存亡，率爾濫載，古來目錄，惟是書最不足憑。世以竑負博物之名，莫之敢詰，往往貽誤後生。其譎詞炫世，又甚於楊慎之丹鉛錄矣。

可謂攻詆不遺餘力。與修四庫約略同時的諸人，批評則稍爲持平。如章學誠校讎通義卷二有焦竑誤校漢志一篇，糾焦氏的錯誤十五條，謂焦氏未悉古今學術源流，不能於離合異同之間，深求其故。不過又說：「其糾繆一卷，識正前代著錄之誤，雖其識力，不逮鄭樵，而整齊有法，去汰裁甚，要亦有可節取者焉。」錢大昕在其所著的十駕齋養新錄卷十四，雖列舉了焦志中譌舛不可據者若干條爲例，以概其餘，證明其書譌舛頗多，不過又說他補撰元史藝文志，於焦氏經籍志中采獲頗多，甚爲推重。咸豐元年伍崇曜跋國史經籍志，歷舉前代對其書的批評，結論說：「未嘗不足爲讀史者考鏡之資。」又說：「蓋歷朝修經籍藝文志，大都如是，未可專以詬焦氏一人。」以爲辨解。

焦竑的國史經籍志敍述多不實，譌誤叢生，部次排比雜濫無序，重出著錄之書纍纍，然並非毫無價值。第一、因焦氏生當中國目錄學極度衰微的時期，自宋末以來，歷經元明兩朝幾達三百年間，幾乎沒有產生一部合乎中國目錄學標準體制的目錄書，一般學者多將目錄視同藏書的帳簿，僅供點檢核對之用，焦竑鍼砭其失，特强調書目須重類例。簿錄類小序云：

> 記有之，進退有度，出入有局，各司其局。書之有類例，亦猶是也。故部分不明則兵亂，類例不立則書亡。向歆剖判百家，條綱粗立。自是以往，書名徒具，而流別莫分。官縢私楮，喪脫幾盡，無足怪者。嘗覩老釋二氏，雖歷興廢，而篇籍具在，豈盡其人之力哉！二家類例旣明，世守彌篤，雖亡而不能亡也。

可見焦氏重視圖書的分類。我國自漢劉歆七略以來，圖書的分類，皆只有部類兩級。到南宋鄭樵撰通志藝文略，始詳分類例，成爲三級的分類。但鄭氏用十二分法，且係私家書目，對於後世未能發生影響。焦氏乃沿用傳統四部，而撰成了第一部四部三級分類的書目，因其在當時聲譽頗高，遂對後代發生了影響。第二、小序的體制是中國目錄學的特色之一，但這種體制從宋末陳振孫直齋書錄解題以後，以迄明萬曆間，無論編撰史志或書目，皆無此項體制，也可以說此一時代的目錄作者，已根本不知道此項體制的功用。焦竑的國史經籍志，在四部四十八類之後，各有小序。元明以後，四庫總目能規復小序的體制，焦氏的經籍志不能不說有承先啓後之功。第三、自西漢哀帝時劉歆編七略，我國有了目錄書，也可以說初步建立了目錄學。而要到一千一百多年後，鄭樵撰校讎略，才有研討目錄學的專著。但此後却闇然無聞。焦氏經籍志所附之糾繆，探討前代諸目部次的缺失，雖不足以方駕校讎略，但尚有其歷史的意義。糾繆上距校讎略之完成，達四百五十年。下距章學誠撰校讎通義逾一百八十年，章氏通義第二卷實仿焦氏而作。這些都是焦氏經籍志在中國目錄學史上的貢獻（詳焦竑國史經籍志的評價）。

六、淡生堂藏書目錄

明祁承㸁撰。承㸁字爾光，號夷度，浙江山陰人。萬曆三十二年進士，累官至江西右參政。祁氏喜歡藏書，他的淡生堂是明末清初有名的藏書樓，藏書達十萬餘卷，校勘精審，爲世所重。撰藏書目十四卷，雖然沒有標明經史子集的部名，但實際上是以四部爲綱領，不過類目與前人頗多不同，兹列之於下：

易類——古易、章句注傳、疏義集解、詳說、拈解、考正、圖說、卜筮、易緯、擬易十目

書類——章句注疏、傳說、圖譜、考訂、外傳五目

詩類——章句注疏、傳解、考正圖說、音義注釋、外傳五目

春秋——經總傳、左氏、公羊、穀梁、通解、考證、圖譜、外傳八目

禮類——周禮、儀禮、二戴禮、通解、圖考、禮緯、中庸、大學八目

孝經——注疏、叢書、外傳三目

論語——章句注疏、解說、別編、圖志、外傳五目

孟子——章句注疏、雜解、外傳三目

總經解——傳說、考定、音釋、經筵四目

理學類——性理、詮集、遺書、語錄、論著、圖說六目

小學類——爾雅、蒙書、家訓、纂訓、韻書、字學六目

國朝史類——御制、勅纂、彙錄、編述、分紀、武功、人物、典故、時務、裨史、巷談、風土、行役十三目

正史類

編年史類——通鑑、綱目、紀、記事四目

通史類——會編、纂略二目

約史類

史鈔類——詳節、摘略二目

史評類——考正、論斷、讀史三目
霸史類——列國、偏霸二目
雜史類——野史、稗史、雜錄三目
記傳類——裒輯、別錄、高賢、垂範、彙傳、別傳、事跡、行役、風土九目
典故類——故實、職掌二目
禮樂類——國禮、家禮、樂律、祀典四目
政實類——時令、食貨、刑法、官守、事宜五目
圖志類——統志、約志、省會通志、郡邑、關鎮、山川、祠宇、梵院、勝遊、題詠、園林十一目
譜錄類——統譜、族譜、年譜、世家、試錄、姓名、書目七目
儒家類
道家類——老子、莊子、諸子、諸經、彙書、金丹、詮述、修攝、養生、記傳、餘集十一目
釋家類——大乘經、小乘經、宋元續入經、東土著述、律儀、經典疏注、大小乘論、宗旨、提唱、語錄、詮述、止觀、淨土、警策、因果、記傳、禪餘、文集十八目
諸子類——墨、法、名、縱橫、雜五目
農家類——民務、時序、雜事、樹藝、牧養五目
小說家類——說彙、說叢、佳話、雜筆、閒適、清玩、記異、戲噱八目

兵家類——將略、兵機二目
天文家類——占候、曆法二目
五行家類——占卜、日家、星命、堪輿四目
醫家類——經論、脈法、治法、方書、本草、傷寒、婦人、小兒、外科九目
藝術家類——書、畫、琴、棋、射（附投壺）、數、雜技七目
類家類——會輯、纂略、叢筆三目
叢書類——國朝史、經史子雜、經彙、子彙、說彙、雜集、彙輯七目
詔制類——王言、代言二目
章疏類——奏議、表章、啓牘三目
辭賦類——騷、擬騷、賦三目
總集類——詩文總集、文編、古樂府、詩編、郡邑文獻、制藝、家乘文獻七目
餘集類——逸文（附摘錄）、逸詩（附集句、摘句）、艷詩（附詞曲）、今樂府四目
別集類——帝王集、漢魏六朝詩文集、唐詩文集、宋詩文集、元詩文集、國朝御製集、國朝閣臣集、國朝分省諸公詩文集八目
詩文評類——文式、文評、詩法、詩評、詩話五目

祁氏將他的藏書區分爲四部四十六類，凡經部十一類，史部十五類，子部十三類，集部七類，類下有

目，共二百四十三目，頗爲詳盡。子目雖是參考通志藝文略及國史經籍志而來，但比之二家要審愼。因爲二家的部次大率係依據舊目，實未嘗見到原書，故頗爲雜亂。而祁氏的編目，則是確有其書，故無濫入的弊病。在類目上除新增的以外，雖不出宋代目錄的範圍，但在部次方面却比前人合理得多。譬如將墨法名縱橫四家與雜家合稱爲諸子類，就比宋尤袤遂初堂書目及清四庫總目附入雜家爲合理，樂經早佚，故經部不立樂類，而於史部設禮樂類，以部次後代的律呂儀注之書，也比其他書目於經部强立樂類爲妥。祁氏異於前代四部是在經部增理學類，史部增約史類，子部增叢書類，集部增餘集類，其餘子目中新增有價值的目名也不少。於經部設理學一類，雖說是前代四部目所沒有的，但他乃仿自文淵閣書目，在他四十一年整理排架時，卽已設立此類。文淵目雖不是四部分類，但類目的排列大致因襲四部，在四書類後有性理類，承爍不過改爲理學而已。經部之有小學類，已經是名實不稱，然而尚可諉之承襲六藝略而來，今祁氏再增以理學，更是蛇足，是否妥當，大有商榷的餘地。至於其他所增的各類名，則是祁氏新創的。在我國的歷史舊籍中，有若干種都是在短短的幾卷書中，敍述千百年的史事，有似於現代的通史之類的教本。既不是正史的記載，也不是史鈔的節略。前代的書目對於這些書的區類實在感到處理爲難，大多依其體裁來分類，或入編年，或入別史，或入雜史，或入史鈔，都不甚妥當。今祁氏將之彙爲一總，標名約史，遠比舊目的分別歸類要恰當，而且類名清晰，望文可以生義，可惜後代的書目還未有仿效的。總集許多種書彙爲一編，肇始於南宋寧宗時俞鼎孫輯儒學警悟，稍後有左圭百川學海，元末則有陶宗儀掇輯百家雜說之書爲說郛。明正德嘉靖以後，這種編刻羣書的風氣轉盛，如正德時的沈津欣賞編、嘉靖時的袁褧金聲玉振集、顧元慶的文房小說、明四十家小說、陸楫的古今說海、顧春的世德堂六子、隆慶時的王完丘陵學山、萬曆時的吳琯古今逸史、商濬稗海、胡維新兩京遺編、程榮漢魏叢書、李栻歷代小史、胡文煥格致叢書、陳繼儒寶顏堂秘笈、朱當淓國朝典故、樊維城塩邑志林等，明末則有鍾人傑唐宋叢書、毛晉津逮秘書等。清康熙以降，更多以輯刻叢書而名家的。前代書目著錄這種彙輯的書，如文淵閣書目、千頃堂書目，都附於類書中，四庫總目則列在雜家雜編。而祁氏在叢書剛盛行之初，就把它獨立成類，不能不說是有識見。近代研治目錄學史的人，多以爲張之洞的書目答問始創立叢書部，或以爲清乾隆間姚際恒好古堂書目的區分「經史子集總」，是近世別立叢書部的濫觴，却不知道在前明萬曆末年祁承㸁就已經將叢書獨立成類了。因爲其時的叢書數量尙不多，不足以與四部相頡頏，所以附在子部。在我國前代四部書目中，大抵將集部區分爲別集、總集、詞曲、詩文評四類，或有將楚辭析出獨立成類的。我國集部中有許多專輯俳詞或艷語的詩文，或專著迴文璇璣一類的詩，或專摘古今共賞的儷句，像這一樣的詩文集，前目大都按體裁來分類，或入總集，或列別集。然而這類的詩文與傳統的抒情、敍事、或議論等文體決不相侔，若部次在總別集則無法顯現其特性，而不易查檢，所以承㸁專立一類來著錄。雖然用餘集的類名，不及後代用雜詩文爲類名來得妥當，但不能不推尊祁氏的首創。其他所新增的類目，很多都值得我們再作進一步的研究。

祁氏於萬曆庚申四十八年，卽光宗泰昌元年（西元一六二〇年），撰庚申整書略例一篇，說明他的分類編目係採用「因」、「益」、「通」、「互」四種方法：

一曰因，因者，因四部之定例也。部有類，類有目，若絲之引緒，若網之就綱，井然有條，雜而不紊，故前此而劉中壘之七略，王仲寶之七志，阮孝緒之七錄，其義例不無取裁，而要以類聚得體，多寡適均，惟荀氏之四部稱焉……若嘉隆以來，陸文裕公之藏書，分十三則……沈少司空稍為部署（分十二則）……雖各出新裁，別立義例，然而王制之書，不能當史之一，史之書不能當集之三。多者則叢聚而易淆，寡者又寂寥而易失，總不如經史子集之分簡而盡，約而且詳，循序做目，檢閱收藏，莫此為善……。

一曰益。益者，非益四部之所本無也：而似經似子之間，亦史亦玄之語，類無可入，則不得不設一目以彙收。而書有獨裁，又不可不列一端以備考。故洪荒邈矣，而竹書紀年之後有荒史、有邃古記、有考信等編；世代繁矣，而皇極經世之後，有稽古錄、有大事記、有世畧治統等書，此數十種者，皆於十許卷之中，約千萬年之事。既非正史之敍述，亦非稗史之瑣言，蓋於記傳之外，自為一體者也。故益以約史者一。性理一書，奉欽纂於文皇，雖近錄宋儒之詮述，然而言乎天地之間則備矣。他如伊洛淵源、近思錄……及前後諸儒論學之語，或援經釋傳，或據古證今。此皆六經之註脚，理學之白眉，豈可與諸子並論哉？故於經解之後，益以理學者二。代制出於王言，非臣子所敢自擅；經筵關乎主德，非講義之可例觀。然而兩者皆無專刻，惟各取本集之所載，而特附其名目於詔制、經解之內。故益代言、經筵者三。叢書之目，不見於古，而冗編之著，疊出於今。既非旁搜博採，以成一家之言；復非別類分門，以為考覽之助。合經史而兼有之，採古今而並集焉。……斷非類家所可併收，故益以叢書者四。文有滑稽，詩多艷語，搜耳目未經見之文，旣稱逸品；摘古今所共賞之句，獨誇粹裒。非可言集，而要亦集之餘也。益餘集者五。其他各目所增，固難概數。……

祁氏的第三法曰「通」，第四法曰「互」，卽淸代章學誠「別裁」「互著」二種編目方法的依據，已於上篇第七章詳細討論過，此處不再重述。祁氏可以說是中國圖書分類學上的一大發明家。

七、千頃堂書目

明黃虞稷撰。虞稷字俞部，本福建晋江人，其父居中在明末官南京國子監丞，遂定居其地，爲上元人。父子兩世均喜藏書，多達八萬卷，嘗編爲千頃齋書目，其目不傳。康熙中虞稷被推薦修明史，分纂列傳及藝文志，遂不以家藏爲限，專蒐有明一代的著作，其自序云：

明初修元史者，藝文不為特志，明文淵閣書目僅及元季，三百年作者闕焉，故更其例，仍一朝之著述。元史旣無藝文，宋志咸淳以後多闕。今並取二季以補其後，而附以遼金之僅存者，萃為一編，列之四部（此序今本不載，見朱緒曾開有益齋讀書志引）。

黃氏並參考友人朱延佐所輯的古今書目（據朱緒曾金陵朱氏家集序），附錄宋金元人著述，編爲千頃堂書目三十二卷。此目有如阮孝緖的七錄，鄭樵的通志藝文略，乃參取書目而成，不必自有其書，亦不盡爲現存。所不同的，是黃氏但以著錄明代的著作爲主，而錄宋史藝文志未載的宋末人及元人的著作。因爲黃氏編此目的目的，是欲成有明一代的藝文志，清張廷玉修明史，藝文一志，卽以此目爲底本。後人補志宋遼金元藝文，亦多取材於此目。此目除著錄書目卷數作者姓名外，並略敍作者的年里仕履，雖然還不足以當敍錄，但比起明代的內閣書目及百川書志還要差強人意。此目分爲四部五十一類，其類目如下：

經部——易、書、詩、三禮、禮樂、春秋、孝經、論語、孟子、經解、四書、小學十二類

史部——國史、正史、通史、編年、別史、覇史、史學、史鈔、地理、職官、典故、時令、食貨、儀注、政刑、傳記、譜系、簿錄十八類

子部——儒家、雜家、農家、小說家、兵家、天文家、曆數家、五行家、醫家、藝術家、類書、釋家、道家十三類

集部——別集、制誥、表奏、騷賦、詞典、制擧、總集、文史八類。

其分類大抵據祁氏淡生堂書目分併改隸而成。類下雖未再標擧屬目，然而編次明晰，屬類隱然可見。如地理類首載總志之書，次列輿圖，次府志，次邊域，次海防，次河流，次水利，次海塘，次遊記，次域外朝鮮、琉球、日本、土司諸夷，次山岳，次祠志，次書院，次寺廟。如典故類，首載通制之書，次條例，次賦役，次漕運，次荒政，次馬政，次關榷，次船政，次謚法，次貢擧，次軍政等，分類相當細密。此目另外還有一個特色，卽別集一類，排列以朝代科第先後爲順序，沒有登科的人的著

作，則就其時代酌附於各朝之末。前代的目錄，固然於一類書中大體依作者的先後編次排列，但沒有一定的標準，一遇同類書中同一朝代的書較多，則先後的順序就顯得紊亂。黃氏的集部編次法所立下的標準，四庫全書總目即採用而予以推廣至所有其他的各類，而爲乾隆以後的書目所沿用。

四庫提要批評千頃堂書目分類不當的有四點：

一、既以論語、孟子各為一類，而又以說大學中庸者入於三禮中，不當再立四書類。

二、樂類不當刪，使律呂諸書無所附。

三、史部在典故類外，又立食貨、政刑二門，頗嫌贅設。

四、子部刪併墨、名、縱橫入雜家，以傳述者希，尚可；而並法家亦刪去，無乃太簡。

然按今通行的適園叢書本千頃堂目，三禮類後有禮樂一門，以收律呂諸書，殆四庫提要作者偶爾失檢，或據別本而立論，故有此誤。明代注釋四書的著作頗多，依據分類的原理應以大統小，單注論孟學庸的書宜統於四書之下，今四庫提要反其道，而云不當立四書類，不知將置合注四書的著作於何所？至於名墨縱橫的書，明代人無此類著作，故未列其門目。法家的書，千頃目著錄的僅有二三種，故附在雜家。其實無論名墨縱橫法家，皆是言之成理，持之有故的一家之學，與兼儒墨合名法的雜學不同，不應同科。千頃目以法入雜，固然不當，四庫以名墨縱橫入雜，又豈能說是。故四庫所評除第三點尚有道理外，其餘所評，並非允當。固然此目在部次方面有若干錯誤，如將姜璉喪禮書、倪復禘祫議入禮樂，實應入三禮；何景明古樂府、梅鼎祚古樂苑入禮樂，實應入總集；楊朝英太平樂府、梁辰魚江東白苧入禮樂，實爲詞曲。這些大概是黃氏見其名而未睹其書，所發生的錯誤。然則四庫提要仍不能不推重其簿錄一門（按應作食貨一門），仿尤袤遂初堂書目的例子，以收錄錢譜、蟹譜之類的書籍，最爲允當；別集類部次清晰，體例最善。並謂考有明一代的著作，當以此目爲最可據。

元明兩朝依循四部分類的私家目錄，除上述七家外，明代尚有萬曆中胡應麟的二酉山房藏書目錄，其目已失傳；趙用賢的脈望館書目，毫無類次，此不具論。

丙、私家不守四部成法之目錄

元代私家藏書編有書目可考的僅有一家。明代因爲官府所編的書目打破了自來的四部法的傳統，故私家編目不遵四部的也較多。僅就現存或可考者，分別論述於後：

一、莊氏藏書目

元莊蓼塘撰。陶宗儀輟耕錄云：

> 莊蓼塘住松江府上海縣青龍鎮，嘗為宋秘書小史，其家蓄書數萬卷，且多手鈔者。經、史、子、集、山經、地志、醫卜、方技、稗官、小說，靡所不具，書目以甲乙分十門。

此目已失傳，其詳不可知，大概相當於藏書簿册，談不上是一部有系統的書目。

二、江東藏書目

明陸深撰。深字子淵，號儼山，上海人，弘治間舉進士，著述甚多。正德三年撰江東藏書目，區分爲十四類。此目雖不傳，但陸氏自序，見於經籍會通及式古堂書畫彙考，玆錄之於後：

夫書莫尚於經，經、聖人之書也；後有作焉，凡切於經，咸得附矣，故錄經第一。性理之書，倡於宋而盛之，然經之流亞也，故錄性理第二。語曰：經載道，史載事，故錄史第三。書作於經史間，而非經史可附者，概曰古書，故錄古書第四。聖轍既逝，諸子競馳，故錄諸子第五。質漸趨華而文集興焉，故錄文集第六。四詩既刪，體裁益衍，紊厥世代，考高下焉，故錄詩集第七。山色海滙，各適厥用，然妍媸錯焉，類書之謂也，故錄類書第八。紀見聞，次時事，而掌不在官，通謂之史可也，故錄雜史第九。山經、地志，具險易，敍貢賦，寓王政矣，故錄諸志第十。聲音之道，與天地通，而禮樂所由出也，故錄韻書第十一。不幼教者不懋成，不早醫者不速起，其道一也，故錄小學醫藥第十二。方藝技術，故有成書者，孔子曰：雖小道，必有可觀者焉，故錄雜流第十三。聖作物睹，一代彰矣，宣聖從周，遵一統故也，特爲一錄，以次宸章令甲，示不敢瀆云，目曰制書。

觀此目之分類，其中特立制書、理性、詩集、類書、諸志、雜史等各爲一部，實仿文淵閣書目。惟合倂小學、醫藥，失之不倫。別古書於經、史、子之外，亦屬多事。且以雜流而概括術藝，亦欠明晰。

然較其大體，則較文淵閣書目略爲整齊。

三、寶文堂書目

明晁瑮撰。瑮字君石，號春陵，開州人，嘉靖二十年進士，官至國子監司業。家富藏書，撰寶文堂書目三卷。此目卷首爲御製書，上卷分諸經總錄、易、書、詩、禮、春秋、四書、性理、史、子、文集、詩詞十二類；中卷分類書、子雜、樂府、四六、經濟、舉業六類；下卷分韻書、政書、兵書、刑書、陰陽、醫書、農譜、藝圃、算法、圖誌、年譜、姓氏、佛藏、道藏、法帖十五類。類目大抵因襲文淵閣書目，而自詩詞析出樂府，特別標出四六、舉業、年譜三類，則爲晁氏所獨創。

四庫提要批評此目云：「其著錄極富，雖不能盡屬古本，而每書下間爲註明某刻，亦足以考見明人版本源流。特其編次無法，類目叢雜，複見錯出者，不一而足，殊妨檢閱，蓋愛博而未能精者也」。

四、博雅堂藏書目錄

明孫樓撰。樓字子虛，號百川，常熟人。嘉靖二十五年舉人，歷官潮州，漢中府推官。性好藏書，所藏達萬卷，閉門校書，晝夜不輟。嘉靖三十年撰博雅堂藏書目錄，分爲經、史、諸子、文集、詩集、類書、理學書、國朝雜記、小說家、志書、字學書、醫書、刑家、兵家、方技、禪學（附道書)、詞林書，又特錄制書類，而附以試錄、墨卷，共分十八類。其分類雖嫌繁瑣，但較晁目有條理。此目今已失傳，其自序尚載於孫氏百川集中。

五、玩易樓藏書目錄

明沈節甫撰。節甫字以安，號鏡宇，烏程人。嘉靖三十八年進士，累官工部侍郎。隆萬間撰玩易樓藏書目錄，將藏書分爲制、謨、經、史、子、集、別(別者，道其所道，非聖人之所謂道)、志、類、韻字、醫、雜十二類。此目已失傳，其自序載於吳興藏書錄，祁氏庚申整書略例亦引此序。

六、世善堂藏書目錄

明陳第撰。第字季立，號一齋，連江人，萬曆時諸生，歷薊鎮遊擊將軍。萬曆四十五年撰世善堂藏書目錄二卷，每書僅著書名、卷數及撰人姓名。偶有敍釋，亦極簡略。此目分六部六十三類，頗異於前人，玆列其類目於下：

經部——周易、尚書、毛詩、春秋、禮記、大戴、周禮、儀禮、禮樂各著、孝經、諸經總解、爾雅十二類

四書部——大學、中庸、論語、孟子、四書總論五類

子　部——諸子、輔道諸儒書、各家傳世名書三類

史　部——正史、編年、學堂鑑選、明朝記載、稗史野史雜記、語怪各書、實錄、偏據僞史、史論、訓誡書、四譯載記、方州各志、歷代典制、律例、詔令、奏議、譜系、類編十八類

集　部——帝王文集、歷代大臣將相文集、兩漢晉魏六朝諸賢集、唐諸名賢集（附南唐）、宋元諸名賢集、緇流集、閨閣集、詞曲、諸家詩文名選、金石法帖、字學十二類

各家部——農圃、天文、時令、曆家、五行、卜筮、堪輿、形相風鑑、兵家書、醫家、神仙道家、釋家、雜藝十三類

此目將四書自經部析出，獨立成部；將釋經的爾雅與通俗的字學，分置不同的部；集部的分類，兼用人物、時代、體裁三項標準，都頗具創造的精神。惟將道、釋與術藝合爲各家部，將金石法帖列入集部，殊覺不倫。

七、白華樓書目

明茅元儀撰。元儀字止生，其祖坤，爲明中葉古文大家，藏書甲海內，崇禎中，元儀爲編白華樓書目，首創以學分類，所謂九學十部。其自述云：「九學者，一曰經學，二曰史學，三曰文學，四曰說學，五曰小學，六曰兵學，七曰類學，八曰數學，九曰外學。十部者，卽九學之部，而加以世學。世學不可以示來世，然時王之制，吾先人以玆名於世，吾敢忽諸？」他所謂的世學指的學業，僅是當世的制度，不足以傳來世。自來目錄的弊病，只知道類書，而不知類學。類目的有無，完全依書的多

寡而定。周官太宰掌建邦的六典，孔子以六藝教人，司馬談論六家要旨，後代徒存其遺法，而不能用來整理典籍。自七略、七錄已不能沒有弊病，隋志以下弊病更多。茅氏獨能以學術爲區類的標準，而且劃一其名稱，整齊其部次，實値得稱道。可惜此目已失傳，只有一篇自述載於鄭元慶湖錄經籍志及吳興藏書錄中，不詳其部次如何。

元明兩朝不守四部成法的私家目錄，除上述七家外，明代尚有成化中崑山葉盛菉竹堂書目六卷，此目今有粵雅堂叢書本，清陸心源儀顧堂題跋卷五已辨其僞，其跋云：

> 四庫提要，菉竹堂書目六卷，經史子集各一卷，卷首曰制，乃官頒各書及賜書賜勅之類，末卷曰後錄，則其家所刊及自著書，有成化七年自序，大率本之馬氏經籍考，別出擧業類，而無詩集，亦略有增損，又別有新書目一卷，附于後，中載夏言王守仁諸人集，蓋其子孫所編云云。
>
> 案此本卷首雖有聖製而不曰制，又無後錄，亦無附目，卷中有詩集，而無擧業，序末亦無成化紀年，證與文莊自序，固多牴牾，與提要尤無一合，蓋書賈抄撮文淵閣書目，改頭換面，以售其欺，決非館臣所見兩淮經進之本也。

陸氏據四庫提要辨別伍崇曜所刻粵雅堂叢書本菉竹堂書目乃後人據文淵閣目刪削之僞本，非葉氏原書。故此不具論。

第七章　四部法由盛趨衰時期的目錄——清代

在我國目錄學演進的歷史上，清代是一個變動最遽的時代，初由衰而盛，再由盛極而漸趨式微。有清二百六十餘年間，有過輝煌的成就，也遭受到外來無情的衝擊。清代目錄學發展的歷史，我們可以把它區分爲三個時期來看。第一個時期從清初至乾隆卅八年開設四庫全書館的一百三十年間，是因襲前代的衰微而孕育新的時期。自乾隆卅八年迄同治末此一百年間，是目錄學的輝煌時期。自光緒元年書目答問出版迄清末，是遭受外來的冲激而分類趨於紊亂的時期。清代目錄傳世者甚多，玆略擇要分別論述於後：

甲、官修目錄

一、天祿琳琅書目及續編

淸于敏中、彭元瑞等奉敕撰。淸至康熙時，天下大定，留意文籍，內廷新藏之書，多由儒臣摘敍簡明略節，附夾本書之內，以供皇帝御覽。乾隆九年，命儒臣檢閱秘府藏書，選擇其中善本，於昭仁殿別架庋藏，賜名天祿琳琅。乾隆四十年于敏中等奉敕編昭仁殿所藏的善本書，成天祿琳琅書目十卷，著錄宋元明版及影抄四百二十九部。嘉慶三年彭元瑞又奉敕整理昭仁殿續集的善本，編成天祿琳琅書目後編二十卷，著錄宋金元明版六百六十三部。四庫簡明目錄云：

> 其目以經史子集為綱，書則以刊版朝代為次。一書而載數本，用遂初堂書目例。每書詳其題跋姓名收藏印記，則兼用鐵網珊瑚例。

王先謙跋云：

> 於刊印流傳之時地，鑒賞採擇之源流，並收藏家生平事略，圖記真偽，研討弗遺。

按此目乃倣鑒藏書畫之體例而編成，迥異於前代的秘閣目錄。自此例一開，其後藏書家撰寫藏書志的。更以此目爲標準而遞事踵華，故皆部次簡單，不足以言圖書分類。

二、四庫全書總目

清紀昀等奉敕撰。乾隆三十七年高宗詔求遺書，令各省訪求採進。四方之書既集，於是開四庫全書館於翰林院，命文淵閣直閣學士兵部侍郎紀昀爲總纂官，簡儒臣校讎編纂。並從朱筠之請，於永樂大典內採輯失傳的古籍。又設局於武英殿，專管繕錄之事。所收集的書籍分爲三種：一、應刻。二、應鈔。三、應存目。凡傳世稀少者，則刊印流傳，編爲武英殿聚珍版叢書。於有助於實用者，則校讎繕寫，彙爲四庫全書。當時共抄了七部，分儲七閣，第一部藏北京宮廷內文華殿後之文淵閣，現藏國立故宮博物院。第二部藏遼寧瀋陽奉天行宮之文溯閣，現藏瀋陽圖書館。第三部藏北京圓明園之文源閣，毀於英法聯軍。第四部藏熱河承德避暑山莊之文津閣，現書移存北平圖書館。以上稱爲北四閣，僅供乾隆皇帝御覽之用。第五部藏江蘇鎭江金山寺之文宗閣，毀於洪揚之亂。第六部藏江蘇揚州大觀堂之文滙閣，亦毀於洪揚之亂。第七部藏浙江杭州西湖孤山之文瀾閣，現藏浙江圖書館。以上稱爲南三閣，可以公開閱覽。於俚俗譌謬無可採者，則只存書名，注出節略，謂之存目。每一書皆有敍錄，以介紹著者的生平，與其書的內容及優劣得失，稱爲提要。將四庫中各書的提要及存目書的節略，合爲四庫全書總目，亦省稱爲四庫總目，或四庫提要，凡二百卷，於乾隆四十七年完成。又因總目卷帙太繁，翻閱不便，故另輯簡明目錄二十卷，僅載著錄的書名、卷數、作者，並有簡略的說明。總目共著錄三千四百五十七部，七萬九千零七十卷；但存其目者，六千七百六十六部，九萬三千五百五十六卷。合計當時的藏書有一萬零二百二十三部，十七萬二千六百二十六卷。我國自來目錄著錄的繁富，沒有超過此總目者。此目依四部分類，爲類四十四，類下或再細分子目，計六十六目。其類目爲：

經部——易、書、詩、禮（分周禮、儀禮、禮記、三禮通義、通禮、雜禮書六目）、春秋、孝經、五經總義、四書、樂類、小學（分訓詁、字書、韻書三目）十類

史部——正史、編年、紀事本末、別史、雜史、詔令奏議（分詔令、奏議二目）、傳記（分聖賢、名人、總錄、雜錄、別錄五目）、史鈔、載記、時令、地理（分宮殿疏、總志、都

會郡縣、河渠、邊防、山川、古跡、雜記、遊記、外紀十目）、職官（分官制、官箴二目）、政書（分通制、典禮、邦計、軍政、法令、考工六目）、目錄（分經籍、金石二目）、史評十五類

子部——儒家、兵家、法家、農家、醫家、天文算法（分推步、算書二目）、術數（分數學、占候、相宅相墓、占卜、命書相書、陰陽五行、雜技術七目）、藝術（分書畫、琴譜、篆刻、雜技四目）、譜錄（分器物、食譜、草木鳥獸蟲魚三目）、雜家（分雜學、雜考、雜說、雜品、雜纂、雜編六目）、類書、小說家（分雜事、異聞、瑣語三目）、釋家、道家十四類

集部——楚辭、別集、總集、詩文評、詞曲(分詞集詞選、詞話、詞譜詞韻、南北曲五目)五類

四庫的分類，係取隋志以下各目損益之，擇善而從。譬如詔令奏議，遂初堂書目、陳氏書錄解題、經籍考、及明代的各書目多隸入集部，四庫以其事關國家大政，則從漢唐志，改入史部。如香譜、鷹譜一類的書，舊目無所附麗，勉强附在農家。四庫則從遂初堂目，立譜錄一類，來部次其類的書。如政書類，舊目名爲故事，所收濫及稗官雜記，四庫唯以國政朝章六部所職的收入，其餘概不濫登。四庫並新增紀事本末一類。紀事本末體創自宋袁樞著通鑑紀事本末，以前的書目多附入編年。四庫始立爲專類，以收凡一書備諸事的始末，與一書具一事的始末者。綜而言之，四庫的分類，實較隋志以降的各家書目詳審有序，只可惜囿於四部傳統的成見，但求部類整齊，於學術的源流，不復計及。如名墨

縱橫三家，因爲傳者書少，而併入雜家。如紀傳體的史書，其經敕修者，列入正史以尊崇之；其非經宸斷者，則抑之於別史。義既不存，體亦未周，誠使讀者有無所適從的感覺。然而一般而論，類目清晰有序，實較自宋以來的四部書目爲有條理。尤其在部次隸類方面有它的特色，今分四點論述：

(一)每一類所著錄的書編次的先後，自來的書目雖然按朝代排列，然而同一朝代的著作，其編次的先後，皆沒有定例。如漢志道家類，把時代較晚的莊子排在列子、老萊子之前；隋志別集類，把時代較早的劉珍集次在崔瑗之後。自鄶以下，更無論矣。四庫的編次，除了帝王的著作或敕撰書仿隋志例，各冠在其代人之前外，其餘則師法千頃堂書目別集類依科第先後的前例，概以登第之年爲次。無功名者則依生卒先後，或據所往來唱合之人爲次。無可考者，則附在本代之末。這種編次法不僅較前代書目有秩序，也要比西洋按姓氏字母或現代依作者四角號碼爲便於考檢。

(二)圖書的分類，應以其內容爲主，不可僅從書名來部次。因爲書名，尤其是我國的古籍，常有與內容不相符合者，故宜細心檢閱審定，庶免錯誤。然而古來各家著錄，往往循名失實，鼎隸乖謬。正如鄭樵所譏評的：「有見名不見書者，有看前不看後者」。即是鄭氏自己也不乏這類錯誤，例如把樹萱錄入於種植。四庫總目部次的優點，在能考校原書，詳爲鑑定部類。譬如同名耆舊傳，分類即有異，京口耆舊傳編入傳記類，錦里耆舊傳則編入載記類，因爲這部耆舊傳是紀王氏孟氏據蜀時的史事。又如倪石陵書名似子書，實爲文集；陳植木鍾集名似文集，實爲語錄。若此之類甚多，四庫皆能不爲其書名所惑，一一核其實際來部次歸類。

㈢圖書的分類，應以著者撰述的宗旨爲主，不宜但據書名。如明徐晉卿撰的春秋經傳類對賦，舊目多入春秋類，固然此書採取左傳編成，而但摘取駢儷的辭語，俾便記誦，與經義無關，故四庫總目改入類書。如宋俞琰的易外別傳，舊附於其周易集說之後，入之易類，四庫以其乃闡釋黃老丹家之旨，自序已有說明，故改列道家。如宋滕元發著的孫威敏征南錄，舊入雜史，四庫以其著書的原意在表彰孫沔的功勳，而非記載儂智高變亂的史實，故改入傳記。又如皇朝通志僅有二十略，以述制度，而無紀傳，四庫不附通志入別史，而入政書。若此等書，四庫皆能以著書的宗旨而定其類。

㈣四庫總目的卷首，有凡例二十條，對於各類應收何書，或某些書應入何類，能釐定其義例，於從前各家分類不妥的書多能詳審其內容而歸入適當的門類。如其凡例所云：

> 筆陣圖之屬，舊入小學類。今惟以論六書者入小學，其論八法者，不過筆札之工，則改隸藝術。羯鼓錄之屬，舊入樂類。今惟以論律呂者入樂，其論管弦工尺者，不過世俗之音，亦改隸藝術……孝經集靈，舊入孝經類，穆天子傳，舊入起居注類，山海經、十洲記，舊入地理類，漢武帝內傳、飛燕外傳，舊入傳記類，今以其或涉荒誕，或涉鄙猥，均改隸小說。如揚雄太玄經，舊入儒家類，今改隸術數……凡斯之流，不可殫述，並一一考核，務使不失其真。

是故在部次方面，四庫比起舊目更能循名覈實，所以梁任公嘗論四庫目說：「雖其分類繫屬之當否，可商榷者正多，然其述作義例之周備，實已爲崇文總目以下所莫能逮。其關於類隸所提供之意見，亦多足爲後人討論此問題憑藉之資也」。（圖書大辭典簿錄之部）

四庫總目是一部合乎中國目錄學標準體制的目錄，在每一書下有一篇敍錄（提要），四庫的提要大抵仿劉向的別錄，再參酌崇文總目、郡齋讀書志、直齋書錄解題、文獻通考經籍考，凡例云：「每書先列作者之爵里，以論世知人；次考本書之得失，權衆說之異同，以及文字增刪，篇帙分合，皆詳爲訂辨，巨細不遺。」每類前有小序，每部前有總序，以條別學術的源流，敍述各門類的分併改隸。固然它的提要，我們如果拿劉向敍錄所立下的義例來核覈，還多有未逮。它的小序也不能如漢隋二志的小序能詳學術的淵源流變，但已不是今存宋以來的目錄所能及。尤其是自南宋理宗時續中興館閣書目以後，未再產生一部合乎體制的目錄達五百年之久，四庫全書總目的修成，不能不令人有重睹漢家旗幟的感覺。然承襲六朝以來的衞道觀念，尊崇儒學，以能「敦崇風教，釐正典籍」作爲著錄的標準。對於釋道教的著作，僅擇其可資考證者始收入。至於像經讖章咒，朱表青詞，又及民間俗文學平話劇曲，都屏棄不錄。還有那些「言非立訓，義或違經」的書，則附存其目。而其評鑒取捨，全憑主觀。所以嚴格說來，四庫全書總目既不是「辨章學術，考鏡源流」的目錄，也不是乾隆朝內府藏書的目錄。

乾隆以後，於四庫失收的書，未能繼續搜求整理。嘉慶年間阮元上進四庫未收的書一百七十五種，但貯之宛委別藏，終淸之世，未再校讎編目。以之視唐宋時代的屢次修纂，不能不感到慚愧。

三、明史藝文志

淸張廷玉等奉敕撰。康熙中纂修明史，預修的人對於藝文志的纂修分爲兩派，一派主張仿隋志的纂修，合修遼金元明的著作爲四朝志，以倪燦、黃虞稷爲首。一派主張但收有明一代人的著作，以尤侗爲首。後來王鴻緒所撰的明史稿，其藝文志則採用了尤侗的意見。而王氏藝文志乃據黃虞稷千頃堂書目，略予删節而成，並削去所附宋遼金元人著作。張氏所撰明史藝文志，卽採自王氏史稿。其類目爲：

經部——易、書、詩、禮、樂、春秋、孝經、諸經、四書、小學十類

史部——正史（附編年）、雜史、史鈔、故事、職官、儀注、刑法、傳記、地理、譜牒十類

子部——儒家、雜家（附名法）、農家、小說家、兵書、天文、曆數、五行、藝術（附醫書）、類書、道家、釋家十二類

集部——別集、總集、文史三類

凡四部三十五類，大抵據宋志損益，惟經部改經解爲諸經，改論語爲四書，而易其先後；史部删別史、目錄、霸史，而增雜史；子部將法、名、墨、縱横四類之書，皆附於雜家；集部删楚辭一類。

明志卷首有大序一篇，述明代館閣藏書情形極爲詳細，並言此志係第就有明一代二百七十年各家之著述釐次而成。然後按經、史、子、集之次序，依類列擧書名、卷數、及撰人姓名。其次序則撰人姓名居首，次書名、卷數。明志對於所著錄之書，偶有略作介紹或辨僞者，如史部雜史類楊儀隴起雜事一卷下注云：「紀張士誠、韓林兒、徐壽輝事。」卽介紹書的內容的例子。又如經部易類豐坊古易世學十五卷下注云：「坊云家有古易，傳自遠祖豐稷。又有古書世學六卷，言得朝鮮、倭國二本，合

於今文、古文石經。古本魯詩世學三十六卷，亦言豐稷所得。錢謙益謂皆坊僞撰也。」即辨僞的例子。此乃明志不同於其他史志之一特色。

四、歷代史志之補撰

自漢代班固採七略爲漢書藝文志，不論古今著作，總錄西漢一代所藏，立下了史書志藝文的楷模。後漢、隋、兩唐、宋諸史藝文志莫不如此，可供後人考書的存佚而辨別眞僞。淸初的史家目錄却開了一個變例，但收有明一代人的著作。此例一開，其後補史志者紛紛，康熙中有上元倪燦補宋史藝文志及補遼金元三史藝文志；乾隆中有金門詔補遼金元三史藝文志，黃任恆補遼史藝文志，錢大昕補元史藝文志；其後有錢大昭補續漢書藝文志，侯康補後漢及三國藝文志，丁國鈞補晉書藝文志，湯洽名補梁書藝文志，顧懷三補後漢書及五代史藝文志等等，凡正史無志者，皆有所補，惟但收錄一代的著作，致使後代無從考存佚、別眞僞。

五、續三通考、二通志

乾隆十二年大學士嵇璜奉敕纂修續文獻通考二百五十卷、及皇朝文獻通考三百卷。光緒中劉錦藻纂修皇朝續文獻通考三百二十卷，都是續馬端臨通考而作，各有經籍考。續通考經籍考五十八卷，著錄宋寧宗至明末的典籍；皇朝通考經籍考二十八卷，著錄淸初至乾隆初年的著作；皇朝續通考經籍考二十六卷，著錄乾隆至清末的著作。以上三通考體例大抵沿襲馬氏通考，每書之下略述作者的爵里始末，偶加案語以敍述本書的大旨，或摘錄原書的序跋，然不能如馬氏通考的詳贍。三通考之分類雖大體依據馬氏四部，然類目間則同於四庫分類，如名、墨、縱横、馬氏各爲專類，三通考則併入雜家。

乾隆三十二年嵇璜等又奉敕纂修續通志及皇朝通志，都是續鄭樵通志而作，各有藝文略，分類大體依鄭氏例分爲十二大類，至於類下所分門目，則依四庫總目爲準，不遵鄭氏。惟每書除著錄卷數外，並增補撰人名氏爵里，較鄭氏詳盡。

乙、私家目錄

清代私家藏書的風氣，更甚於明代。當時私家藏書編有書目的，據清朝續文獻通考所記載，不下百種，而今尚傳世者亦多。惟自明代中葉以來，藏書家重宋元舊刻已相習成風。清初錢牧齋、季滄葦復倡之於前，黃蕘圃、吳兎牀更應之於後，於是當時藏書家特別珍重宋元版書，所撰藏書目錄，不再以錄略之學爲主，而新創出一種記載版本的體制，那就是乾嘉以後幾乎成爲目錄主流的賞鑑書志。且四庫全書總目完成以後，對私家編目影響甚大，一般編著書目書志的，除少數特異之士外，在分類及部次方面，大都遵循總目，幾乎經明人突破的四部分類法，自四庫後遂又能定於一尊。今擇其異於四庫分類，而尚存世或可考的目錄，略述於後：

一、絳雲樓書目

清錢謙益撰。謙益字受之，號牧齋，常熟人，明萬曆三十八年進士，曆官禮部尚書。清兵下江南，謙益迎降，爲禮部侍郎管秘書院事，越數月而卒。家富藏書，往往不惜重價搜購宋元古本，頗多珍本秘笈，所藏明代文獻尤富，其藏書之處稱爲絳雲樓，爲清初最大的藏書家。晚年，絳雲樓失火，藏書燬於一炬，其藏書目錄尚存，但僅載書名册數，間冠以作者。康熙中，陳景雲補入卷數、撰人生平，著述要旨。此目共分七十二類，其類目如下：

經總、易、書、詩、禮、樂、春秋、孝經、論語、孟子、大學、中庸、小學、爾雅、緯書、正史、編年、雜史、史傳記、故事、刑法、譜牒、史學、書目、地誌、子總、儒家、道學、名家、法家、墨家、類家（即雜家）、縱橫、農家、兵家、道家、小說、雜藝、天文、曆算、地理、星命、卜筮、相法、壬遁、道藏、道書、醫書、天主教類、類書、僞書、六朝文集、唐文集、唐詩、詩總集、宋文集、金元文集、國初文集、文集總、騷賦、金石、論策、奏議、文說、詩話、本朝制書、本朝實錄、本朝國紀、傳記、典故、雜記。

此目雖不標經史子集之名，按其順序，分類實依四部，惟以明朝史傳別爲一部，不在四部之中。除史部分類較爲簡略外，其餘三部皆較前代目錄詳細，且頗有新創者，如經總、子總、天主教、僞書諸類，則爲他目所無。此目將道學列於儒家之後，實較文淵閣以後各目列入經部合理。惟以道藏、道書自道家析出別爲二類，界限不清，實爲瑣贅；集部各類，亦嫌繁冗。按此目原爲錢氏之藏書簿錄，僅供藏檢之用，故僅遇宋元版書始加以注明，不能以著述的標準來衡量它。

二、述古堂書目

清錢曾撰。曾字遵王，自號也是翁，常熟人。爲錢謙益之族孫，亦富圖籍，復收絳雲樓之燼餘，更借校傳抄，廣事增益，蔚爲大邦，錢氏尤好宋刻，有佞宋之稱。其藏書之處稱爲述古堂，康熙八年撰述古堂書目四卷，每書記撰人姓氏、書名、卷數、册數，下間注明抄刻，刻本記宋元版之異，抄本則有影宋抄、高麗抄、名家抄之不同。此目共分七十八類：

卷一爲經、易、書、詩、春秋、禮、禮樂、易數、儒、小學、六書、金石、韻學、史、雜史、傳記、編年、年譜、雜編、姓氏、譜牒、政刑、文獻、女史。較書二十五類。

卷二爲子、子雜、文集、詩集、詞、詩文評、四六、詩話、類書九類。

卷三爲小說家、儀注、職官、科第、兵家、疏諫、天文、占驗、六壬、太乙、奇門、曆法、軍占、地理總志、輿圖、名勝、山志、遊覽、別志、人物志、外夷二十一類。

卷四爲釋部、神仙、醫書、卜筮、星命、相法、形家、農家、營造、文房、器玩、歲時、博古、清賞、服食、書畫、花木、鳥獸、數術、藝術、書目、國朝、掌故二十三類。

其分類極爲纖細，又不守四部成規。四庫全書總目入存目，提要評曰：「所列門類瑣碎冗雜，全不師古。其分隸諸書尤舛謬顚倒，不可名狀，較讀書敏求記更無條理。」又云：「撰人乖舛者，尤不可毛舉。曾號多見古書，而荒謬至此，眞不可解之事矣。」按錢氏但重刻本是宋版或元版，鈔本之精粗，對於簿錄之學，不甚用心。且淸代私家書目，承襲明代官目的遺風，隨書立意，但循名目，不檢本書，故分類往往不甚精覈。

錢氏又撰有也是園書目十卷、宋板書目（附於述古堂書目）。錢氏又將其所藏之精本圖書，各撰一題詞，編成述古堂書目題詞四卷，後改名爲讀書敏求記，所撰題記，不敍介作者及書的內容，但討論繕寫刊雕的工拙，開賞鑑書志的先導。

三、孝慈堂書目

淸王聞遠撰。聞遠字聲宏，號蓮涇，長洲人，亦有錢曾之風，喜藏書，大都親自抄校。其藏書後歸黃丕烈。孝慈堂書目共分八十五類，其類目如下：

經總、易經、尙書、詩經、春秋、三禮、樂、論語、續語、爾雅、孝經、孟子、四書、字書、韻書、碑刻、書、小學、正史、通史、編年、雜史、史學、史傳記、政事職官、謚法、國璽篆刻、家禮、職掌、律令、時令、寶貨器用、酒茗食品、樹藝豢養、遺逸、仙佛、校書、方輿郡邑、行役、屬夷、川瀆、名山、陵寢、名勝、人物、文獻、譜牒、姓氏、年譜、書目、子總、儒家、道學、道家、墨家、法家、名家、縱橫家、兵家、農家、雜家、小說、天文、宅葬、陰陽、歷家、數學、卜筮、星命、相法、醫書、藝術家、畫錄、類書、詔誥、表奏、騷賦、詩文集、總詩文集、詩餘、詩文評、詞餘、釋經、釋氏著述、道經。

其分類較述古堂書目更爲繁雜無序。而鉅細不齊，廣窄同觀，或異學而同類，或學同而類分。

四、史籍考

淸章學誠撰。在我國目錄學史上對於理論的發揮最有貢獻的，無疑地要推章學誠。章氏是一位史學家、方志學家，也是一位目錄學家。他在乾隆三年出生於浙江會稽，字實齋。自幼性耽典籍，雅好史學，肄業於國子監，有聲譽，數應聘纂修天門、和州、亳州、永淸諸州縣誌及湖北通志：乾隆四十一年任國子監典籍，翌年中順天擧人，再登進士，而絕意仕途，乃去。疊主近畿及河南山東各書院講席，殫精著述，至老不輟。嘉慶六年卒，年六十四，他的著作很多，但散失的也不少，關於目錄學者有天門縣志藝文考、和州志藝文書、史籍考、及校讎通義。前三者是目錄書，後者爲繼宋鄭樵之後，推闡向歆校讎的義理。章氏生當目錄學衰敝的時代，編目錄的人僅把目錄當作藏書的帳簿，而不知其意義。所以他特別强調目錄的意義，「將以辨章學術，考鏡源流」，而非徒爲甲乙部次計。至於如何使目錄書達到辨章學術、考鏡源流的目的，章氏也與宋鄭樵一樣的認爲要重分類。所不同之處，鄭氏的重類例是在大類之下分小類，小類之下更細分屬目，而將所有的圖書，區爲十二類。但章氏認爲後代的四部以及其他的分類法都是以書籍亂部次，故主張回復到用劉歆的七略分類法。他在乾隆三十八年春所撰的和州志藝文書卽師法劉歆七略來分類部次，將圖書分爲六藝、紀載、諸子、詩賦、數術、方伎、釋教、金石八大類。但後來由於四庫全書的纂修，格於客觀的形勢及實際編目的困難，而不得不回復到他抨爲以書籍亂部次的四分法。四部法如何討論流別，則只有乞靈於小序與敍錄了。此外他並提倡「別裁」與「互著」兩種編目方法，作爲達到考鏡源流的工具。以上所言具詳上篇「論類例」及「別裁與互著」兩章，玆不贅述。

章氏所撰的史籍考三百二十五卷，係代畢沅而作，仿朱彝尊經義考的體例，上援經典，下採子集，以考乙部。惜原稿不傳，今僅存有殘帙。其目凡分十一部五十五類，頗異於前人，其類目如下：

紀傳部——正史、國史、史稿三類

編年部——通史、斷代、記注、圖表四類

史學部——考訂、義例、評論、蒙求四類

稗史部——雜史、覇史二類

星曆部——天文、曆律、五行、時令四類

譜牒部——專家、總類、年譜、別譜四類

地理部——總載、分載、方志、水道、外裔五類

故事部——訓典、章奏、典要、吏書、戶書、禮書、兵書、刑書、工書、官曹十類

目錄部——總目、經史、詩文、圖書、金石、叢書、釋道七類

傳記部——記事、雜事、類考、法鑒、言行、人物、別傳、內行、姓名、譜錄十類

小說部——瑣語、異聞二類

此目雖仿經義考。但也頗有改進。朱氏採錄前人的序跋，連篇累牘，全部抄入；而删去作序年月，為四庫提要所譏評。章氏則有剪裁，他在論修史籍考要略中云：「一書之中，但取精要數語，足以該括全書足矣。篇目有可考者，自宜備載。其序論題跋文辭浮汎，與意義復沓者，概從删節，但記作序作跋年月銜名，以備參考而已。」在書韓柳二先生年譜後亦云：「立言之士，必著歲月，以備考證。」又朱氏的考證僅記刊版的原委，而不載刊本的異同。章氏則認為「板刻之書，流傳既廣，訛失亦多，其所據何本？較訂何人？出於誰氏？刻於何年？款識何若？有誰題跋？孰為序引？板存何處？有無缺訛？一書曾經幾刻？諸刻有何異同？……則當補朱氏經考之遺，史考亦可以例倣也。」他所撰的史籍考是否一一作到他所擬議的，因原稿不傳，無從考覈。但後人多能循其所論，體例益見詳密，如道光中張金吾愛日精廬藏書志引序跋詳載年月，嘉道間黃丕烈作藏書的題跋，多涉及版本的源流及校勘異同。此外他在校讎條理篇中說：

竊以典籍浩繁，聞見有限，在博雅者且不能悉究無遺，況其下乎？以謂校讎之先，宜盡取四庫之藏，中外之籍，擇其中之人名、地號、官階、書目，凡一切有名可治，有數可稽者，略倣佩文韻府之例，悉編為韻，乃於本韻之下，注明原書出處，及先後篇第，自一見再見，以至數千百，皆詳注之，藏之館中，以為羣書之總類。至校書之時，遇有疑似之處，卽名而求其編韻，

因韻而檢其本書，參互錯綜，卽可得其至是。此則淵博之儒畢生年力而不可究殫者，今卽中才校勘可坐收於幾席之間，非校讎之良法歟？

這就是現代所謂的「索引」之法，後來汪輝祖的史姓韻編、阮元的經籍籑詁，都是如章氏所說一類索檢的書。章氏在乾隆嘉慶間不僅在史學上有貢獻，而在目錄及版本學方面也有不可磨滅的貢獻，對後人啓廸甚多。

五、孫氏祠堂書目

清孫星衍撰。星衍字淵如，江蘇陽湖人，乾隆五十二年進士，做到山東督糧道權布政使。孫氏博覽群書，勤於著述，聽人家中藏有善本，則借鈔無虛日，其藏書之處稱爲平津館。他把家中的藏書編爲平津館藏書記三卷、廉石居藏書記二卷，這兩部目錄是他收藏善本的賞鑑書志。嘉慶五年編的祠堂書目內編四卷、外編三卷，則是藏書的總目，此目分爲十二部四十五類，前有總序以條釋各類的源流及部次之意，玆錄其類目於下：

經學——易、詩、書、禮、樂、春秋、孝經、論語、爾雅、孟子、經義十一類

小學——字書、音學二類

諸子——儒、道、法、名、墨、縱橫、雜、農、兵九類

天文——天部、算法、五行、術數四類

地理——總論、分編二類

醫律——醫學、律學二類

史學——正史、編年、紀事、雜史、傳記、故事、史論、史鈔八類

金石

類書——事類、姓類、書目三類

詞賦——總集、別集、詞、詩文評四類

書畫

小說

他的分類大抵出之鄭樵藝文略而頗有改革，去鄭氏的禮樂兩類而還歸經學，去五行而附入天文，改醫方爲醫律。另把地理從史類析出而獨立，小說從諸子析出獨立，再增金石部。其分類中，如小學不入經學，金石離史而獨立，天文、醫律、類書、書畫不列諸子，書目不放在史學部而入類書部等等，都是可取的地方。只是部下的類目太過簡單，把醫律放在一部，顯得有點不倫不類。此目另有一個特別的地方，是把藏書區分爲內外二編。以學有淵源，可資誦法的爲內；詞有枝葉，不合訓詁的爲外。他所謂的內外，有點像四庫把書分爲著錄與存目。這種區分高下，全憑主觀，並無一定的界劃。如諸子部將唐宋以來僞託的書如子華子、亢能子列於外篇，固然合理，然如經學部中唐宋以後的經學著述，大都歸於外編；又如性理大全、老子口義等入外編，而夢溪筆談、容齋隨筆反列於內篇，則不甚恰

當。因爲孫氏編目的目的，本意在供宗族子弟，讀書循序漸進的指導。而不是目錄學的書目。不過在四庫成書以後，私家編藏書目錄的，大都依據四庫的類目，而鮮有更革，孫氏能夠不拘囿於四庫的成法，而矯然立異，其膽其識，實在值得欽佩。

光緒中繆荃孫撰藝風堂藏書記及續記，卽因襲孫氏祠堂書目的分類，只是把天文、醫律併入諸子類，把書畫改名藝術，由十二部變成十部而已。

四部分類法創始於荀勗，修訂於李充，至隋志而確定，歷時一千餘年而不改。這並不是說其法良意善，足以成爲永久的制度，但因獲得歷代官府採用，遂能經久而不衰。雖然後世的學術日有分歧，著述的體裁亦多變異，惟有補充類屬，勉强隸入乙丙兩部，這種情形誠如章學誠所批評的：「以書籍亂部次」。非但辨章學術之意不存，就是區類主體的體例亦亂。宋明之世雖有有識之士，期圖改革，終因新法各有瑕疵，不足以成爲楷模。自四庫總目出，四部法遂得獨尊於一時。然而自鴉片戰爭後，海禁大開，西學東漸。同治光緒間，同文館、江南製造局相繼設立，學人紛紛譯介東西洋的學術。東西洋學術皆與中國舊學不同。而國人新著作的內容與體裁，也與舊籍異。四部分類法不能專收舊籍，以之適用於新書，實枘鑿而方圓，格格不入。乃因外來的影響，生事實上的困難。歷時千餘年的四部法，遂呈動搖之勢。

六、書目答問

清張之洞撰。清末改革四庫者，以此目爲最早。張氏任四川學政時，於光緒元年編書目答問，作爲尊經書院學生讀書的指導。此目雖然不是藏書目，然於我國各科重要典籍均有縷列，故分類亦頗細。因懾於天威，不能不遵四庫的體制，但與四庫的類目略有出入。最著的，是將叢書獨立爲部，不附雜家雜編，與經史子集合爲五部。叢書的輯刻，至明代而漸盛，入清以後更是盛極一時。明祁氏淡生堂藏書目雖將叢書獨立爲類，然附於子部之中。而黃氏千頃堂書目及明史藝文志均附於類書，四庫列於雜家雜編，更不合理。張氏云：「叢書最便學者，爲其一部之中，可該群籍，蒐殘存佚，爲功尤鉅。欲多讀古書，非買叢書不可。其中經史子集皆有，勢難隸於四庫，故別爲類。」因爲張氏的離析，暴露了四庫制並不能包含一切書籍的弱點。張氏的分類雖予四部法有所改進，也爲後來的若干書目所沿襲，然仍不能符合當時的需要，未幾有江人度上書張氏討論其事，江氏說：

第思目錄之學最難配隸適當。四庫提要所列門目與昔之目錄家頗有出入。中堂書目答問，與四庫復有異同。移甲就乙，改彼隸此，要亦難為定論也。章實齋致慨於四部不能復七略，由史籍不可附春秋，文集未便入諸子。然處今之世，書契益繁，異學日起，匪特七略不能復，即四部亦不能賅，竊有疑而願獻也；藝文一志，列於漢書，後世遂以目錄歸史部。不知班氏斷代為書，秦火以後，所存篇籍，自宜統加收纂，以紀一代之宏規，而目錄家豈可援以為例？蓋目錄者，合經史子集而並錄，安得專歸史部乎？史氏可以編藝文，而目錄不得登乙館，此配隸未當者一也。隋志以類書入子部，考諸子之學，儒墨無礙於並立，名法亦有所取材，宗旨各殊，不嫌偏宕，畦徑獨闢，別具精深，所謂自成一家言也。類書者，餚饌經史，漁獵子集，聯百衲以為衣，供獺祭於枵腹，豈可雜厠丙籍，混跡子家？此配隸未當者二也。金石之學，隋志列經，宋志屬史，已覺歧異。且昔之考核者少，尚可附麗；今之研究者多，豈容牽合？六義附庸，蔚為大國，夾漈通志所以別為一略也。蓋其中有證經者，有資史者。居之甲部，既病其偏枯；置之乙帙，亦嫌其泛濫，此配隸未當者三也（四庫以金石入史部目錄類之子目尤非）。他若譜錄、圖書，精心殫慮，各有專長，經史非其族者，子集亦非其倫，橫牽強附，究多未安。且東西洋諸學子所著，愈出愈新，莫可究詰，尤非四部所能範圍，恐四庫之藩籬終將衝決也。蓋七略不能括，故以四部為宗；今則四部不能包，不知以何為當？夙懷此疑，敢以貢之左右。（載書目答問箋補卷首）

江氏所論四部法不當的三點，實爲孫氏祠堂書目張目。雖然四庫分類有所不當之處，但對於部次中國舊籍，在前人的目錄中猶可擇善因襲。至於有關東西洋學術的新著作，則就不是四庫，甚至徧究前代的簿錄，也無有能予以適當部類之者。張文襄對於江氏的懷疑未聞有何解決之道，故其時編目錄者無所遵循，於是或在四部分類之外，別立西學一部來部次新書，如光緒二十一年安徽中江書院尊經閣藏書目，在四部外，別立方志、西學叢書二部。二十三年浙江藏書樓目錄分爲甲乙二編，甲編依書目答問分類，「爲國粹的保存」；於新書則仿王儉七志附錄、阮孝緒七錄外編的前例，編爲乙編附後，使「各行其事，而不相師」。宣統三年上海涵芬樓也將藏書分別舊新各編目錄。或有將新舊圖書統一分類編目的，如光緒二十八年編的杭州藏書樓書目，分爲經學（小學附）、史學（掌故、輿地附）、性理（哲學家言附）、辭典、時務、格致（醫學附）、通學（卽叢書）、報章、圖表共九大類。

七、古越藏書樓書目

清末規模完備，分類詳密的，首推古越藏書樓書目。古越藏書樓建於光緒三十年，他的藏書章程言：「本樓捌設之宗旨有二：一曰存古，一曰開新。」並解釋說：「學問必求貫通。何以謂之貫通？博求之古今中外是也。往者士夫之弊，在詳古略今。現在士夫之弊，趨於尙今蔑古。其實不談古籍，無從知政治學術之沿革；不得今籍，無以啓借鑿變通之途徑。故本樓特闡明此旨，務歸乎平等，而杜偏駮之弊。」所以他的藏書，新舊兼收。該樓最初編目分經史子集時務五部，以新書列時務部附於四部之後。繼因時勢的要求，改爲統一編目，新舊一貫，而分爲學政二大部，學政收理論方面的典籍，政部則收史學及有關實用的著作。在學政二部之下再分四十七類，類下又各分若干子目，系統分明，其類目如下：

學部——易學、書學、詩學、禮學、春秋學、四書學、孝經學、爾雅學、羣經總義學、性理學、生理學、物理學、天文算學、黃老哲學、釋迦哲學、墨翟哲學、中外各派哲學、名學、法學、縱橫學、考證學、小學、文學二十三類政部——正史兼補表補志考證、編年史、紀事本末、古史、別史、雜史、載記、傳記、詔令奏議、譜錄、金石、掌故、典禮、樂律、輿地、外史、外文、教育、軍政、法律、農業、工業、美術、稗史二十四類

此目對於學政之義解釋爲：「明道之學，經爲之首，凡倫理、政治、教育諸說悉該焉。包涵甚廣，故不得已而括之曰學部。諸子、六經之支流；文章八則，所以載道，而駢文、詞曲亦關文明，覘世運，故亦不得蔑棄。至實業各書，中國此類著作甚少，附入政部中。」此目自學理及實用二義分部，而中外學術，則歸於平等，實較前人或勉强列入四部，或新舊分目較爲進步。且每類下再細分子目，亦較四庫分類詳密。然其部類的名義，仍不甚清晰。如學政二名，究竟有何區別？學字之義範圍甚廣，凡一切知識皆可稱之爲學。政字則意義晦澀不明，分類亦雜而不精。史地歸入政部猶可，至若書畫小說，也列入政部，實在不知道它的意義何在？且如三教總論附入釋家哲學，耶穌教及五洲諸教皆附入墨翟哲學，不免遭「類別不當」之譏評。

八、南洋中學藏書目

陳乃乾撰。自清末西洋學術輸入我國以來，編目者或新舊典籍分別部次，或新舊統一部次，然而仍受四庫分類的影響。此目純爲中國舊籍分類的改革，將尚書、春秋列於歷史，與國語、國策等古雜史並列；又廢集部的名稱，而標詩文、詞曲，四部的精神在此目中完全消失。此目分類的體例，湯濟

滄有詳細的說明：

書目之編製，亦頗費斟酌。四庫之名，最不安者為經。尚書記言，春秋記事，皆史也。毛詩為有韻之文，三禮亦史之一類，而孔孟之在當日，與老莊管墨商韓等何別？自漢武罷黜百家，尊崇儒術，後人踵事增華，經之數，增至十三。今政體革新，思想家不復如前此之束縛，此等名目，將必天然淘汰，大勢所趨，無可避免。如儒家者，仍列九流之一可已。故本書目不用四部之名，區其類為十有三，如或愜心貴富，而逐漸釐正，責在後起。

據湯氏所言，此目分類的宗旨，乃在於將由六朝以來的衞道觀念，根本推翻。其類目爲：

周秦漢古籍——歷史（尚書、春秋、雜史）、禮制、易諸子（儒家、兵家、法家、墨家、道家、雜家、合刻）、詩文（詩、文）、古籍總義、古籍合刻

歷　史——官修史、私家撰述（編年、紀事本末、正史、雜史）、傳記、譜牒（列傳、別傳、氏族譜牒）、論述（史評、史鈔）

政　典——總志、禮樂、職官仕進、兵制屯防、刑法、鹽法、農政水利

地方志乘——區域（總志、省志、府州縣分志、私家記述、古代志乘、市鎮）、山川（總志、分志）、古蹟、居處（書院、祠廟）

小　學——說文、字書、音韻、訓詁、彙刻

金石書畫書目——金石（目錄、圖譜、論辨）、書畫（目錄、圖譜、論辨）、書目、雜錄

記　　　　　　述——讀書論學（羣籍分考、雜考、論述）、修身治家、游宦旅行（各家撰述、彙輯、外域）、名物、掌故、雜記

天文算法——中法、西法、中西合參

醫藥術數——醫經、本草、術數（道家、五行占卜）

佛　　　　　　學——經藏大乘（華嚴、方等、般若、法華、涅槃）、經藏小乘、論藏大乘（宗經論、釋經論、諸論釋）、論藏小乘、雜藏（西土撰述、中土撰述）

類　　　　　　書

詩　　　　　　文——各家著述（詩、文、詩文合刻、數家合刻）、選本（歷代詩選、各郡邑詩選、歷代文選、各郡邑文選、駢文時文、尺牘、詩文合選）、評論（詩論、論文）

詞曲小說——詞類（詞譜、詞集、詞選）、曲類（曲譜、雜劇、曲選）、小說

彙　　　　　　刻——一人著述、數家著述

共計十四大類，五十七小類，可謂徹底打破了四庫的範疇。此目雖較古越藏書樓書目部次清晰，然而此目既依性質分類，則周秦漢古籍，不應另列專部。且佛學既立專部，不應將道家附於術數。醫藥術數雖同屬方技，然以之爲部名，則不如以方技爲部名較爲妥切。

清代末年的書目，無論是新舊分別編目，或新舊統一編目，都是各行其道，不相統一，形成了圖書分類的紊亂。這些過渡時期的目錄，都是編目者爲了適應新學術及新體裁的書而創訂的。但此等新

法不能合乎近代學術的分野，且系統也不淸晰足以成爲制度。所以到西洋杜威十進法傳入我國，經過改良以使適合部次我國典籍後，這些過渡時期所創訂的分類，遂歸於淘汰，沒有人再沿用它們。

第八章　西洋分類法輸入後的目錄

十九世紀末期，歐美國家通行採用的圖書分類法，大別有三種：

甲、杜威十進法

杜威 (Melvil Dewey) 在西元一八七三年（清同治十二年）代理安赫斯特(Amherst College)大學圖書館長時，即試行以他所創編的分類法來整理該校的圖書，到一八七六年才將他的十進分類法(Decimal Classification)印行出版。他的分類法是將一切的學術分爲九大部，九部之外凡屬普通圖書如百科全書、彙編圖書、雜誌等凡不能歸隸於任何一部者，則另立爲總類，共有十大部，各用阿刺伯數字0至9爲符號來代表。其十部爲0總類、1哲學、2宗教、3社會科學、4語言學、5自然科學、6應用科學、7美術、8文學、9、歷史。每部之下各分十類，每類下又各分十目。每目下仍可再各十分，以至於無窮。每一部用三位數目字來代表，百位代表部，十位代表類，個位代表目。目下隔以小數點，儘可增加號碼以代表各項的小科目。假如用一位小數，全部即可包含一萬個科目，二位小數可包括十萬個科目，用此法以應付日漸翻新的科學，可以裕如，而且對於圖書排架易藏易檢，也便於記憶。

乙、展開分類法

此法是美國克特（Cutter）所創編的。克特氏畢業於哈佛大學，一八六七年（清同治六年）他任波士頓專門圖書館館長，遂研究編製出一種分類法，名為展開分類法（expensive classification）。他於一八七三年完成第一稿，一八九三年出版至第六式，第七式尚未編完而病卒，後來由他的侄子威廉克特續成。所謂的展開法是簡由詳，第一式僅分八部，以A代表總部，B代表哲學與宗教，E代表歷史，H代表社會科學，L代表科學與藝術，X代表語言學，Y代表文學，YF代表小說。第二式將每部各分若干類，第三式將部擴充至二十六個，各以英文二十六個字母為標記來代表。第四式以下每部再各細分二十六目。所標的類碼，亦漸擴充至三四個字母，其中的歷史、地理兩部係用十進數字複分，以阿刺伯數字代表國家。此種分類法可適用於各級圖書館，藏書較少的小圖書館可選用第一、二式，第七式則適用於藏書豐富的大圖書。

丙、美國國會圖書館分類法

一八九七年（清光緒廿三年）美國國會圖書館新厦落成，參照杜威、克特兩家分類法，製訂成一套分類表，將藏書分爲二十部，各採用兩個英文字母以代表部與類，每類下再分目，則用數字來代表，數字用至四位止。

上述的三種分類法在十九世紀末葉及二十世紀初期爲世界各國多數的圖書館所採用，尤其是杜威分類法最爲盛行。因爲杜法僅用數字爲符號，容易記憶，而且置架檢取，都比較方便。不似其他兩法部類繁多，並且用字母與數字兩種符號，記憶較難。尤其是對於我國，以英文字母爲符號，終不如數目字來得熟悉，所以杜氏十進分類法介紹到我國以後，逐漸爲各圖書館所採用。

杜法之傳入我國，早在清末。宣統元年（一九〇九）孫毓修撰有圖書館一文，連載於元、二年的教育雜誌，其文有云：

> 吾國學校，類以習英文為普遍，茲之分類法，本紐約圖書館長杜威所撰之十進分類法一書為主，今最通行之目錄也。羣書報章，統分十部……立此十部，更析類屬。

可知宣統初元時杜氏分類法已經流行於我國了。然而杜法本爲西洋的學術、圖書而創訂，他爲中國圖書學術所設的類目位置甚少，還無法直接採用來分類中國圖書，故起初直接採用者僅限於收藏有西文書的學校。然而因爲其法的簡便，我國從事分類的圖書館員，莫不注意研究，修訂增補杜氏的分類法，以求適合於部次我國的古今圖書。自從民國七年以來師法杜氏的精神來編製分類法者甚多，約而別之，凡有三類：

一、遵杜法

此爲完全遵照杜威的成法，而僅略事增補，以求容納中國的舊籍。如民國十四年查修編杜威書目十類法補編、桂質伯編杜威書目十類法，十七年王雲五編中外圖書統一分類法、及錢亞新編補充杜威制之革命文庫分類法等即是，皆於杜氏類次，無所改變，而將四庫的類目打散，或補入杜法的空位，或寄插於杜法之中，增加科目來容納，或於杜法類號的前面增加若干符號來安插。總之，此等增補，皆在求西文及中國新舊圖書能够統一分類。

二、仿杜法

此類僅在仿效杜威十分十進的精神，而變更其部類的名稱與次序。這類仿杜法以民國七年出版的沈祖榮、胡慶生合編的仿杜威書目十類法爲最早。其後相繼而編製的甚多，比較重要而採用較廣的，有十四年出版的杜定友編世界圖書分類法，十八年出版的陳子彝編圖書分類法，二十三年出版的何日章、袁湧進合編中國圖書十進分類法、及皮高品編中國十進分類法，三十七年出版的杜定友編三民主義中心圖書分類法等等。

三、數序法

此類僅師法杜威的數序法，但不全採用十分十進，最早的是十三年洪有豐編孟芳圖書館書目，自序說：

今日中國各圖書館於編製中文書目有新舊之聚訟，莫衷一是。經史子集四部之舊分類法，於近日科學圖書日益增加，誠有未能應用之處。然為之改弦更張，以科学分類法自詡者，襲搴西制，支離繁瑣，強客觀之書籍，以從主觀之臆說，恐亦未免有削足適履之嫌。

故洪氏依據四庫書目，參酌杜威的十進分類法，將新舊圖書區分爲叢、經、史地、哲學及宗教、文學、社會科學、自然科學、應用科學、藝術凡九大類。其首五類的細目大抵參酌四庫的分類，後四類則多參酌杜威而略予增改，而且不全用十進，如經類分爲八小類，史地類僅分七小類。繼而編製的有十八年劉國鈞編中國圖書分類法，區分爲總部、哲學、宗教、自然科學、應用科學、社會科學、史地、語文、美術九大部，但其中史地又分爲中國與世界兩部，故實爲十部。劉氏鑒於杜威的分類法，每學十分，强類目以就數字，實不合理，而認爲學術之以大包小，並無一定，所以劉氏設立類目，純視中國書的有無或多寡而定。雖然也採用三位數字，但並非全部十進。譬如總部、語文部皆分十一類，宗教、應用科學兩部各分八類，美術部僅分五類。類目伸縮自如，故對於中國書的庋藏，較便於他法。二十年有施廷鏞編淸華大學圖書館中文圖書分類法，分爲總、哲學宗教、自然科學、應用科學、社會科學、史地、語文、藝術八大類，以甲乙丙丁戊己庚辛爲代號排列，每類之下，再各用十進十分。又有裘開明編美國哈佛大學中國圖書分類法，以中法爲經，西法爲緯，分中文圖書爲經學、哲學宗教、史地、社會科學、語言文學、美術、自然科學、農林工藝、叢書目錄等九類。每類下的子目，則參酌四庫、哈佛大學及國會圖書館的分類而訂定之。上述各家分類法雖然頗有公共或學校圖書館採用來編目，然而也有將新舊典籍分別編目並行的，或者改革四部法以使之容納新書的，玆亦概略予以介紹。

自西洋學術大量輸入我國後，因新舊典籍的內容與體裁各殊，在清末杜威十進法尚未傳入時，編目錄者無所遵循，大都將新舊圖書分別編印目錄而使之並行。沿至民國，雖杜威法已漸盛行，但仍有因襲新舊並行制的。如浙江省立圖書館所編書目，總分爲保存、通常二種。所謂保存類卽指善本書目，以經史子集四部分類；通常類則以經史子集叢五部及依杜威十進法分別編目。其他如中法大學、交通大學、南開大學、華西協合大學等圖書館及河南省立圖書館都是用四庫法與杜威法分別編目而並行；四川大學圖書館則用四庫及杜定友法，無錫國學專修科圖書館與湖北省立圖書館則用四庫法及王雲五法。除了將新舊圖書分別編目而並行者外，也有改訂四庫類目，或是仿書目答問五部制者，如北京大學、清華大學、及武漢大學圖書館、四川省中山圖書館等書目採用四部法，北平故宮博物院圖書館、江西省立圖書館則用經史子集叢五部法。這一類的書目都是以部次舊籍爲主，罕載新書。

其改良四庫的類目以容納新舊圖書，最爲詳密的，則是江蘇省立圖書館，也就是通稱爲南京國學館的圖書目錄。該館目錄初編於二十二年，藏書於抗戰期間略有散失，勝利後檢點餘存，於三十七年重編出版了一部現存書目。此目於四部之外，新增志、圖、叢三部，共分七大部，其部類於下：

經部——易、書、詩、禮、樂、春秋、四書、孝經、小學、經總凡十類。

史部——正史、編年、紀事本末、別史、雜史、專史、史鈔、史表、傳記、載記、地理、外國史、時令、政書、目錄、金石、史評、史叢凡十八類。

子部——儒、道、法、名、墨、縱橫、雜、農、工家、商業、交通、小說、兵書、曆數、術數、藝術、譜錄、方伎、釋教、神道、耶教、回教、東方各教、哲學、自然科學、社會科學、類書、子叢凡二十八類。

集部——別集、總集、文評、集叢凡四類。

志部——省志、府州廳縣鄉鎮志二類。

圖部——中國全圖、省圖、縣圖、城市圖、水道圖、交通圖、歷史圖、交界圖、軍用圖、經濟圖、天象圖、地質圖、雜圖、世界全圖、東西洋圖凡十五類。

叢部——彙編、郡邑、氏族、獨撰凡四部。

在七部之後，並另附拓本景片部，每一類下又詳分子目，甚爲周密，不過以工商交通及自然、社會科學都隸入子部，則是以子部爲新舊圖書的淵藪了。

第九章　綜　論

綜觀我國的目錄之學，肇始於二千年以前，自歷史而言，不能說不久遠；從體例而言，不能說不完善，唯獨於圖書的分類，並無太大的進步。七略雖說能存留六典的遺法，辨章學術，考鏡源流，但是它的分類，並不能軌範魏晉以降所有的典籍。四部分類的興起，原來僅是屬於一種藏書的簿册，稍稍部次甲乙，以資藏檢的方便，並非經過縝密訂製而成。但因其法獲得歷代的秘閣採用來編目，成爲一個制度，遂歷千餘年而不變革。雖後來的學術日漸歧分，著作的體裁古今有異，編製目錄者皆勉强納入四部之內，以致枘鑿方圓，窘象畢呈。有識見的目錄學家頗想突出四部法的窠臼，別創新的分類，但終未能成爲楷模。雖有改革之心，而無取代之力。及至西洋學術輸入，大都不是四部類目所能包容的，四部分類始呈動搖之勢。及杜威的十進法介紹來我國後，逐漸地取代了四部法。然而迄今六十餘年，增補改訂杜法以求融合我國古今典籍者紛紛，尚無統一的趨勢，而用四部法或四改革部法來部次典籍者，仍不絕如縷，這是什麼緣故？誠值得研究目錄學者所宜深思的。

我國是一個文明的古國，歷史悠久，學術文化獨創一格，與歐美的各國異，著作的體裁，古今也有所不同。是以杜威的分類法能夠總括歐美的學術，能夠部次我國現代的著作，但拿來分類我國的舊籍，是否合適，近人已有對之懷疑者，洪有豐氏嘗云：「襲摹西制，支離繁瑣，强客觀之書籍，以從主觀之謬說，恐亦未免有削足適履之嫌。」蓋因杜威分類法用來部次新著作固然並無問題，但用之分類舊籍，猶之如以四部分類來部次新書，一樣的扞格不入。雖然經過近代的分類學者依據杜威法不斷的改訂，也未見其盡善。蓋我國的舊籍，有的固然可以合乎現代的知識分野，有的則難以合乎現代的分類。其難以合於現代分類的，謹提出數端，試予研討：

甲、經　書

六經是我國學術的源泉，所以劉歆著七略，首列六藝爲一略。後世編目錄的，雖是部類多寡容有不同，但都是以經列爲首部。自從西洋分類傳入我國後，往日不成問題的經部，而因諸家主張的不同，也成了問題，有應拆開及不應拆開兩派，聚訟紛紜，莫衷一是。主張經部應拆開部次的，當以民國八年陳乃乾所編的南洋中學書目爲最早。陳氏認爲尙書紀言，春秋記事是歷史書，毛詩是韻文爲文學著作，論語、孟子則與老莊管墨商韓諸子書相等，是儒家哲學書。所以他編的書目以尙書、春秋隸於周秦漢古籍部的歷史類，三禮隸於禮制類，易爲易類，論孟、孝經隸於諸子類儒家，詩經隸於詩文類。此雖將六經拆開，但還同在周秦漢古籍一部之中。繼其說的有民國十七年王雲五增補杜威法而編的中外圖書統一分類法，其緒論云：

如經部之書本是一部古史，詩本文學，春秋也是歷史，三禮等書是社會科學，論語是哲學，若嚴格依性質分，當然不能歸入一類。

所以他的分類法中，把周易、孝經、四書列入哲學類。把周禮、儀禮、禮記三禮歸入社會科學類。把原列四部樂律一類的書置入美術類，詩經入文學類，書經與春秋入史地類。五十五年十二月十五日嚴靈峯氏在新生報的星期專論中論中國圖書目錄分類問題，也作相類似的主張。他的意見，將中國圖書分為子、史、文、字、類、集六大部，而刪去經書之名。擬將易、禮記、論語、孟子入子部，周禮、儀禮、書、春秋入史部，詩經入文部。

主張經部不應拆開的，當以洪有豐氏為首，他所撰的「圖書館組織與管理」一書中說：

六經之名，其源甚古。然依其性質，易義玄秘，賅儒道之學兼通，卜筮特其小用，應入哲學類。書述唐虞三代之政事，實古代之史。春秋、魯史記之別名，應入史類。詩為古代輶軒所采里巷歌謠與朝廟樂章，為詩學之祖，應入文學類。禮以載古之禮制，應入社會科學類。古之樂經，今佚其篇，後世音樂之書，可入藝術類。經之根本要籍，既可以科學方法，分隸各類，其他更可依其性質而分，無獨立一部之必要矣。但尚有參酌而未必遽無存在之理由者：中國學術以儒教為中心，儒教以經學為根據。五經（樂經已亡，故不引）之名，其源既古，而三禮三傳之名九經，又益以四書孝經爾雅名十三經，皆幾為一般學者所公認。揚子曰：「天地為萬物郭，五經為衆說郛」。故就其類似之點而觀之，經部與各類雖可強為分裂；而就其特殊之點觀之，經學實羣言之奥區，而才思之神皋也。周秦諸子而後，義理考據之漢宋爭，實爲中國學術兩大派別，而皆源本於經。故經部著述，任舉一類之書，其訓文釋義者，汗牛充棟，至無慮數百種，固自有特成一類之需要。今以附庸於他類，削足適履，無乃不倫歟？夫一國之所以存立者，實賴文化以維繫之。經籍者，吾國文化之源泉也。獨標一部，以保存吾國之固有精神，是或一道也。

洪氏結尾雖説經部拆開與不拆開，究竟孰爲妥切，尙有待研究，但他在十三年所編東南大學孟芳圖書館書目卽以經爲一大類。他在自序中說：

今日中國各圖書館於編製中文書目有新舊之聚訟，莫衷一是。經史子集四部之舊分類法，於近日科學圖書日益增加，誠有未能應用之處。然為之改絃更張，以科學分類法自詡者，襲摹西制，支離繁瑣，強客觀之書籍，以從主觀之臆説，恐亦未免有削足適履之嫌。

所以洪氏的分類雖是仿杜，但不全遵杜。他以經部獨立成爲一類之說，爲後來裘開明、陳子彝、桂質伯諸氏所倣行。裘氏所編的哈佛大學中國圖書分類法，陳氏的中央大學區立蘇州圖書館圖書分類法，桂氏所撰的分類大全等，都以經書獨立爲部。裘氏的分類法，現今美國各大圖書館尙有採用來編所藏的漢籍。

除了上述之二派外，尙有調和派，如沈祖榮、何日章、皮高品、查修、杜定友、賴永祥等家的分類法，對於經部，既不拆開，但也不獨立成部，而將之附列入總部之下，成一小類。關於這一問題，試從各方面來討論。一國有一國的文化背景，所以一國有一國的學術特色，爲求適合總括其圖書，因之一國有一國的分類法，固不必完全捨己以從人，此所以世界各國的圖書分類尙無法趨於統一。歐洲國家是基督教文化所孕育成的，所以他們的分類往往以神學居首類，並不把聖經當作哲學或歷史書來看待。我國的經書，無可置疑的，是我國文化的源泉。六經、九經之名，在兩千年前就已有了。十三經之稱，雖然起得稍晚，但自南宋以來也有八九百年的歷史，早爲家喻戶曉。歷代的著作，多以十三經爲中心，所謂五經爲衆說郛，近代且爲世界各國愛好我國文化的學者研究。是經學不僅是我國學術之中心，跟神學一樣，也是世界學術的一端。將經學立爲一部，並不悖於現代學術的分類。至於將經學附於總類，最不妥切。所謂總類者，是爲安置不能隸屬某類學科而設立的，很有點像四部法中的子部，尤其像子部的雜家類。倘若承認經學是我國特有的學術，就應當獨立爲一類。否則，曷如拆散各按其性質來歸類。將經學置於總類之下，與叢書、目錄、雜誌並列，其不倫不類，猶之如四庫把叢書放在雜家類中一樣。

至於將經書拆散分類，除了在理論上有商榷的餘地外，還有實際的編目問題，那就是如何地把舊法經部的各書，都能作適當的歸類。此一困難，凡曾參與實際編目工作者，都會有此感覺。經部的書，假如僅只易書詩禮春秋等十三部經書，各按其內容性質分別歸類，則尙鮮困難。但每一經，後代訓解註釋而今尙傳世的著作，皆以百千計，它們的分類，如何處理？倘隨原經部次，但發揮經義的著作，其內容性質，並不一定與原經相同，放在一起，就違背了分類的原則。譬如春秋是歷史，左傳也是史書、公羊、穀梁說是史書也還講得過去。但如鍼膏肓、發廢疾、春秋繁露、春秋尊王發微……等等，能說是歷史著作嗎？三禮是社會科學類，但是像月令解、夏小正解、檀弓記、儒行集傳之類的書，編目者依其性質就不會編入社會科學中。假如各隨其內容來分類，那些訓釋解經的書就未必能與原經歸在一類。想研究經學的人，除了乞靈於各種索引外，是無法根據書目來檢書的。卽令這些問題可以解決，還有五經總義一類的書如何來處理安置？既不承認有經學，又安能在總部中特立經總義的類目？經部的分合問題，是研究我國圖書分類者所應當深思熟慮的第一項。

乙、金石

金石之學也是我國專門學術之一，爲世界其他國家所無的。我國石刻之興，遠在先秦，石鼓文是現今存世最早的刻石。秦漢以降，風氣漸盛，有把經典刻在石上以垂永久的，如漢魏唐宋歷代石刻的儒家經書，唐代所刻的道家經典。佛教刻石更多，有圖象，有經幢，有摩厓，有經碑。河北房山縣西域寺所貯自隋迄元代刊刻的經碑，其數逾七千塊，是尙未完成的石刻大藏經。此外還有自秦以來的歷朝歷代的紀功之銘、諛墓之碑。我國到蕭梁時代才知道用紙墨在石刻上摹拓文字的方法，唐代且有門爲了揭取文字而刻石的。鐘鼎彝器本來是古代的禮器及食用器具，自宋以來陸續出土的很多。因爲古代鑄器的人往往在器皿上鑄刻有文字以紀其事，成爲後人研究的對象。宋代以後，金石的研究成爲一種專門的學問，著作很多。有摹印器形圖象的，有訓釋文字的，有考述源流的，有編纂目錄的，有輾轉摹刻名家法書以充法帖的，種類繁多。以前的書目，部次這一類的著作，甚費斟酌，隋書經籍志附入經部小學，新舊唐志從之。宋史藝文志附入史部目錄，文獻通考經籍考從之。明陳第世善堂書目及清錢謙益絳雲樓書目則列入集部。四庫的分類，大抵以訓釋文字的入小學，摹印圖象的入子部譜錄，法帖入藝術，編目的入史部目錄，分別來部次。案這類金石，實自成一個系統，核其內容，可以證經，可以資史，如隋唐以來的墓誌神道碑銘，多出名家撰述，且爲文學的作品。分之固然不妥，合之也無部可歸。所以鄭樵著通志、編藝文略，將金石析出自成一略，專收這一類的著作。清孫星衍祠堂書目及繆荃孫藝風藏書記也都獨立爲部，以與經史分庭抗禮。近代的十進分類法把金石一類的書與甲骨、簡牘、封泥、瓦當等合爲古物學一門，附入史地類，這是承襲江蘇省立國學圖書館書目。而國學圖書館書目放在史部，則是沿自書目答問。把金石與甲骨等合爲古物學，確比以前的辦法好。但是列在史地類，則値得商榷。金石所涉及的範圍甚廣，並非專涉於史，所以當張之洞書目答問出版後，有名江人度者卽上書張氏，說他「置之乙帙，嫌其氾濫。」將金石古物置之史地，似不如列於總類，比較恰當。若能仿祠堂書目自成大類，似乎更爲妥當。金石書的部次問題，是研究我國圖書分類所當考慮的第二項。

丙、說部書

宋代鄭樵曾說：「古今編書所不能分者五：一曰傳記，二曰雜家，三曰小說，四曰雜史，五曰故事。凡此五類之書，足相紊亂」（校讎略編次之訛論）。我國自先秦以來，有小說家一流，源出於稗官，是記載得之街談巷語，道聽塗說的。魏晉以後，衍爲筆記一體。或記軍國大事，或述時事見聞，或是讀書時偶有心得，發抒己見，或是考訂習俗的訛誤。大抵是隨意錄載，無所剪裁。雖則是所記述的或多或少，或詳或略，大體各類都具有。所以前人類次這種性質的書，容易混淆。四庫全書總目也說：「案記錄雜事之書，小說與雜史最易相淆，諸家著錄，亦往往牽混」（子部雜家雜說案語）。案四庫著錄的體例，以記述朝政及軍國大事的入雜史，其參以里巷閭談詞章細故的入小說筆記。然而察看四庫著錄的情形，他也難於劃分清楚。譬如史部雜史類著錄的元劉一清錢塘遺事一書，乃雜記南宋一代的事，於宋末尤詳。其書大抵雜採宋人說部書而成，並不全爲軍國大事，所採宋羅大經鶴林玉露爲多。而鶴林玉露，四庫則收在子部雜家雜說。又如明葉子奇草木子多記元末明初的事，陶宗儀輟耕錄多記元代的大政，兩書的體裁內容頗多相似，都是治史的人所必取資的。然而四庫以前者入子部雜家雜說，後者入小說筆記。像這一類的例子頗多，四庫分類對於這種圖書已多部次未當，近代的十進分類亦沿襲之，大抵以雜史入史地類，雜說入總類的普通論叢，小說筆記列在語文類的小說，由四庫的兩部衍分隸入三類。小說一詞的意義，古代與現代不同，普通論叢一辭，也難以顯示雜說書的特性，其不妥尤甚四庫，是以明末茅元儀編白華樓書目，特設立說學一部，來收此類書籍，只是此目已佚，不知其詳，無從參考。說部書的如何部次得當，是研究圖書分類所當深思的第三項。

丁、術數書

我國陰陽五行、蓍龜、占候之術，本爲易學的支流，是古代史官所職掌的。這類術技推五行休咎，生剋制化，以究造化之源，以徵人事的得失。雖然後世傳以雜說，流入妖妄，衍爲術士之技，然而自劉歆七略已專置一略，隋志以來的四部也都有專類來部次之。而古人用兵行軍，也往往依據陰陽五行以行事。固然近世通行的僅有相卜堪輿，但這門學問的古籍現今存世的還有不少。察其內容，雖然不能合乎科學的標準，但仍有它的一套理論，與符咒巫術不能相提並觀，決不能說是宗教或迷信。近代的十進分類法，或者是在宗教類闢術數迷信一門，或者並其門類而無之。無其門類者，不知於這類書如何安置；就是用宗教迷信來概括，也感到名實未符。這是研究我國圖書分類所當考慮的第四項。

中西學術發展的路徑不同，古今著作的體裁也各異，拿百孔千瘡的四部舊法來部次新書，固然是扞格不入；用十進新法想網羅古今，又焉能契合無間？是以雖杜威法傳入我國已多年，國人倣效編製我國圖書分類表者紛紛，而一般大圖書館仍多採併行制，將新舊典籍分別來編目。然而新舊的區別，亦甚難釐定一個標準來劃分。如用著作的時代來區分，則清代末年所著介紹西洋格致之學的書，與民國初年羅振玉、王國維、繆荃孫、葉德輝等人所著，將以何者爲新？何者爲舊？如以出版的時代來區分，則清光緒年間江南製造局所出版的書與近年所出版的十三經注疏、資治通鑑等，又以何者爲舊？何者爲新？再如以書籍的裝訂來區分，則同一書有中式線裝者，有用西式平裝或精裝的。如以線裝的編入四部分類目錄，以西式裝訂的入之十進目錄，則是一書因裝訂的不同而異其目錄，實有悖於分類編目的道理。所以新舊併行制，僅是過渡混亂時期權宜之計，不足以爲準則。

我國圖書的分類，囿於四部法達千餘年，方幸脫其窠臼，又復拘於西法十進。四部法以子部爲無可類歸圖書的淵藪，其未盡合理處，正與十進分類以總類爲淵藪一樣。然而四部法雖不合理的地方很多，因爲自隋志以來，定於一統，熟諳它分類的旨趣以後，任檢各家書目覓書，還無若何困難。而新法因各家異制，卽令是臺灣目前較通行的賴家祥所製十進法，倘不熟習四部法，亦不易檢書，須靠書名及著者索引以濟其窮。因之編製一部能够網羅古今圖書，分類合理而類目清晰的新分類，可以供各級圖書館採用，實在是有迫切的必要。

師杜仿杜十進分類法的優點也很多，譬如把目錄與類書、叢書放在總類，非常妥切，解決了幾百年來我國目錄學者討論不休的問題。它的缺點在太牽就現代科學的劃分，而忽略了我國固有學術的特性。把經學打散或放置總類，固然未妥；把三民主義放在總類，在我國說來又何嘗適宜。其所以致此者，在杜法太重視十這個成數。姑不論我國，就以歐美而言，現在的學術未必如杜氏所分的僅有九大類。再者學術以大包小，每一類所包含的部門，未必就恰好是十項，仿杜分類者爲了遷就十就個數字，於是在類目方面就免不了拼拼湊湊。因之有將哲教宗教併爲一類的，有將歷史地理併爲一類的，有將語言文學併成一類的。並不是說這兩種不够資格獨立，非得合在一起才能稱得上是一門學術，無非是爲了湊成十這個成數而已。所以近六十餘年來研究分類的學者，紛紛改來改去，但始終兜不出十這個圈子。這種情形，正與自宋以來的目錄學者，改來改去，始終脫不了四部的窠臼相彷彿。

我國目錄學的肇創，本爲了辨章學術。不過先秦學術，至漢雖有興廢，而所存各類的古籍，篇卷尙約略相當，劉歆七略著錄的數量不多，故能按書分類，因以剖判百家，尙不甚難。但他將史書論溯學術淵源附之春秋，而詩賦別爲一略，已不能不牽就事實。後世的著述日漸增多，而學術有絕有續，著作體裁有因有創，各類圖書，少的僅一二種，多的逾千百，其數大相逕庭。編目的人，一方面想使其部次整齊，便於藏檢，另方面又想達到條析源流的目的，自隋志以下不得不體義兼施，於是左支右絀，顧此失彼。而鄭樵、章學誠等從而議抨其後，也是勢之必至。然以章氏的學識，欲規復七略，適徒增典籍的混淆，讀者反有無從查檢之感。至於今，供檢查的書目與學術門徑的書目更難使之强合。昔年張文襄曾說：「有藏書家之書目，有讀書家之書目」。讀書家的書目，是以讀書的門徑以示從學者，應當由專門名家各治一部一類，兼著明存、佚、闕、未見，詳述其源流，如朱彝尊經義考、章學誠史籍考、謝啓崑小學考之類是也。藏書家的書目，卽現今各圖書館所備的，以便利讀者查檢爲主。故此等藏書目的分類，各館應酌求劃一。其部類應參酌古今中外的學術門類，詳爲釐定，不必拘囿於七略四部及十進等成法，亦不必執着以辨章學術爲職志，但按書的性質分別部次，詳分類例，不過類名須清晰，易知易曉，使讀者便於依目檢其所欲研究的書，切忌含混籠統牽湊，這是編製新統一分類法所當注意的。

一國有一國的文化背景，故須有適合其本國學術特色的圖書分類法，不必捨己從人。此所以西法輸入七十年來，雖改進者紛紛，迄未能超於一致。强新籍以附舊法，固期期以爲不可；把舊籍納入新法，亦未免削足適履。數十年來改訂新法以求容納我國古今圖書無甚成效者，蓋未能將我國現存古代典籍作通盤考慮，製訂其類目。迨翻印出版，而從事編目者遂無所遵行。故若編製新統一分類法，首先須調查明瞭現今存世的古籍，其書性質爲何？其合乎現代知識分野的，究有若干類？然後釐定其類別，詳爲分晰。其不能以現代學科概括的，可從我國前代書目的類目推敲之，如此編訂的分類法始可容包古今中外的圖書而無滯礙。